Hugo Hayn

Bibliotheca erotica et curiosa monacensis

Verzeichniss französischer, italienischer, spanischer, englischer, holländischer und neulateinischer Erotica und Curiosa

Hugo Hayn

Bibliotheca erotica et curiosa monacensis
Verzeichniss französischer, italienischer, spanischer, englischer, holländischer und neulateinischer Erotica und Curiosa

ISBN/EAN: 9783743332690

Hergestellt in Europa, USA, Kanada, Australien, Japan

Cover: Foto ©Andreas Hilbeck / pixelio.de

Manufactured and distributed by brebook publishing software (www.brebook.com)

Hugo Hayn

Bibliotheca erotica et curiosa monacensis

Bibliotheca erotica et curiosa Monacensis.

Verzeichniss
französischer, italienischer, spanischer, englischer, holländischer und neulateinischer
Erotica und Curiosa,
von welchen keine deutschen Uebersetzungen bekannt sind.

Zusammengestellt
auf
der Königl. Hof- und Staats-Bibliothek zu München, und mit bibliographischen Anmerkungen und Marktpreisen versehen

von
Hugo Hayn.

Berlin,
Verlag von Max Harrwitz.
1889.

BIBLIOTHECA
EROTICA ET CURIOSA
MONACENSIS
EDIDIT
HUGO HAYN
VRATISLAVIENSIS.

Vorwort.

Während meiner Vorarbeiten zur 2. Auflage der „Bibliotheca Germanorum erotica" musste ich anf hiesiger Hof- und Staatsbibliothek vielfach in den handschriftlichen General-Catalog und die Supplement-Zettel-Cataloge Einsicht nehmen. Hierbei fiel mir der ansehnliche Vorrath nichtdeutscher, zum Teil sehr seltener Erotica auf, die meistens aus der „Bibliotheca erotica Krenneriana" stammen und aus dem Besitze des Oberbibliothekars Lichtenthaler in den der Staats-Bibliothek gelangten. Ueber die kostbare Sammlung Krenner's fand sich auch ein kurzes handschriftliches Verzeichniss vor, in welchem eine Menge Nummern enthalten sind, die als libri prohibiti vel remoti unter Clausur vereinigt, der öffentlichen Benutzung nicht zugänglich und auch nicht im Haupt-Cataloge aufgeführt sind. Da nun in meiner „Bibliotheca Germanorum erotica" diejenigen Münchener fremden Erotica, von welchen mir deutsche Uebersetzungen bekannt geworden, verzeichnet sind, so erschien es angemessen, nunmehr auch den

II

reichen Schatz der meines Wissens nicht in's Deutsche übertragenen Münchener Erotica, Curiosa und Gynaecologica zusammenzustellen.

Ohne irgendwie auf Vollständigkeit Anspruch zu machen, dürfte das hier Gebotene doch manche Lücke in den erotischen Bibliographien ausfüllen, und das Verzeichniss um so erwünschter sein, weil diese Raritäten nur sehr zerstreut, zum Theil aber nur sehr kurz oder gar nicht in grossen, sehr theuren Nachschlagewerken, wie die Bibliographie de l'amour, die Werke von Barbier, Brunet, Graesse, Quérard, etc., behandelt sind, ganz abgesehen von dort oft unzureichenden Angaben von Preisen oder von Bibliotheken, wo sich Exemplare befinden.

Um eine trockene Herzählung der Titel zu vermeiden, gab ich aus meinen bibliographischen Kollektaneen die mir bekannt gewordenen, der Staatsbibliothek fehlenden Ausgaben, historische und bibliographische Notizen, Nachweisungen anderer Exemplare in deutschen öffentlichen Bibliotheken, sowie Antiquar- und Auctions-Preise hinzu, während die Beschreibung der französischen Kupferwerke der neuesten (5.) Auflage von Cohen-Pourtalis' vortrefflichem Handbuche „livres à figures" entnommen und mit einigen Zusätzen vermehrt wurde.

Das vorliegende Werkchen, welches trotz seines geringen Umfanges viel Mühe und Zeit erforderte, ist zunächst als Hülfsmittel für deutsche Sammler, Freunde der Bibliographie, Antiquare und öffentliche Bibliotheken, besonders aber für die zahlreichen Besitzer der 2. Auflage meiner „Bibliotheca Germanorum erotica", bestimmt, denen dieses Verzeichniss manch umständliches Nachschlagen in voluminösen, oft schwer zugänglichen Werken ersparen dürfte. Der billige Preis wird auch weniger bemittelten Litteraturfreunden die Anschaffung ermöglichen. Aus dem kostbaren Vorrath hebe ich besonders die folgenden Stichworte hervor. Natürlich muss ich mich auf die wichtigeren beschränken: Acidalius, Archives de Priape, Aretino, Arrétin moderne, Barthius (Casp.), Bebelius, Beverland, Bonefonius, Brückmann, Cabinet satyrique, Cabinet de Lampsaque, Chronique scandaleuse, Crébillon fils, Democritus ridens, Democritus jun., Des Periers, Des Portes, Dissertationum ludicrarum etc. scriptores varii, Drudo, Eckius, Erotopaegnion, l'Espion Anglois, Facetiae Facetiarum, Gazetier cuirassé, Gynaeciorum libri, Histoire de Gouberdom, De l'indécence aux hommes d'accoucher les femmes, Johannes Secundus, Kingston (Herzogin v.), Kornmann (Heinr.), Lauriers ecclésiastiques, Lemnins, Leone di Venetia, Libertins à la campagne, Lit de Noce, London, Luisinus, Maintenon (Mme. de), Manuel des bondoirs, Marino (G. B.), Martial d'Auvergne, Mirabeau, Monumens (sic) de la vie privée des 12 Césars et du Culte secret des Dames Romaines, Moyen de parvenir, Naples, Nerciat, Nevizanus, Nugae venales, Odalisque, De l'onanisme, Pallaviciuo, Panormita, Paris, Petit-Neveu de Boccace, Pigault-Lebrun, Pindar (Peter), Plaisirs de l'amour, Poggius Florent., Pratis (Jason à), Priapeia, Privilèges du Cocuage, Processus juris joco-serius, Puttanismo Romano, Quillet, Recueil de comédies, Recueil de nouvelles poésies galantes, Restif (Rétif) de la Bretonne, Sade (Marquis de), Sanchez, Sharrock, Simien,

IV

Synode conjugal, Tableau des piperies mondaines, Tableau de la volupté, Tetons, Thérèse Philosophe, Tourrière des Carmélites, Trials for Adultery, Toilette de Vénus, Vénus Batava, Vénus la populaire, Vie voluptueuse entre les Capucins et les Nonnes, Voisenon, Wimpheling.

Diese Uebersicht wird den Kenner überzeugen, dass die **Münchener Hof- und Staatsbibliothek** auch auf diesem Gebiete eine der reichsten der Welt ist.

München, im Januar 1889.

Hugo Hayn.

*) Sämmtliche mit **Nummern** versehenen Werke und Ausgaben befinden sich in der **Münchener** Hof- und Staatsbibliothek.

1 **Académie galante.** Contenant diverses petites histoires très-curieuses. A Amsterdam, aux dépens d'Estienne Roger, 1710. 12. Avec. 1 fig. (6 Mk. Völcker, Frankfurt a. M.)
Frühere Ausg.: Ibid. 1708. 12. (In Stralsund, Rathsbibl., u. in Stuttgart, kgl. öffentl. Bibl.) Nouv. édit., revûe, corrigée et augmentée de la conclusion. 2 pts. Ibid. 1732. 12. Cfr. Catalogue de livres rares et curieux sur l'amour, les femmes et le mariage, faisant partie du cabinet d'un bibliophile suédois (comte de Manderström). (Vente à Stockholm, Janv. et Novbr 1884, I. no. 72.) Ibid. 1740. 12. (7 Mk. Ackermann München.)

2 (**Acidalius,** Valens, hiess eigentl. Valentin Hauekenthal, geb. um 1567 zu Wittstock [Ostpriegnitz], † d. 25. Mai 1595 als Rektor d. Gymnasiums zu Neisse, im Walnsinn [phrenesis]), Disputatio nova contra mulieres, qua probatur, eas homines non esse. S. l. (Lipsiae) 1592. 16.
Editio princeps rariss. — Cfr. Schmidt, über den Kritiker Valens Acidalius. Berlin 1819. 8. (70 Pf. Brockhaus, Bibl. Hettner. I. 2. no. 3467); ferner: Poemata Jani Guilielmi, Jani Lernutii et Valentis Acidalii. Liegnicii 1603. 8; Delitiae poetarum Germanor. I. Francof. 1612. 24. p. 1—150. (Goedeke, 2 A. II. p. 110.) Odebrecht, Th. (Kreisger.-Dir. in Berlin), zur Erinnerung an den märkischen Dichter Valens Acidalius. (Sep.-Abdr. aus den Märkischen Forschungen, Bd. VII.) Berlin, A. W. Hayn, o. J. 8. 7 S.

3 — Idem opus sub tit.: Disputatio perjucunda, qua Anonymus probare nititur, mulieres homines non esse: cui opposita est Sim. Gedicci defensio sexus muliebris, qua singula anonymi argumenta distinctis thesibus proposita vititer enervantur. Ed. II. Hagae Comitum 1638. 16.

4 — Idem opus. Ibid. 1641. 16.

5 — Idem opus. Ibid. 1644. 16.

2 Acidalius — Amans.

6 **Acidalius,** Valens, idem opus sub tit.: Disputatio perjucunda, qua Anonymus probare nititur, mulieres homines non esse: cui opposita est Simonis Gedicci defensio sexus muliebris. Ibid. 1644. 16.
Alia ed. Parisiis s. a. 12. (In Stralsund.) Ibid. 1693. 12. (Bibl. Salthen. p. 559; vente Manderström II. no. 1103; 4 Mk. W. Rath, Esslingen.) Französ.: Problèmes sur les femmes (trad. du Latin par de Querlon). Amsterdam, par la Compagnie, 1744. 12. (1 fr. 25 c. Ch. Porquet, Paris.) Paradoxe sur les femmes, où l'on tâche de prouver qu'elles ne sont pas de l'espèce humaine (d'après Val. Acidalius par Ch. Clapiès). A Cracovie (Paris) 1766. 12. (Vente Manderström II. no. 1104.)

7 **Aeneas Sylvius** (Papst Pius II., geb. 1405, reg. seit 1458, † 1464), Tractatus de remedio amoris. S. l. et a. (sed ante a. 1500). 4. Rariss.

8 **Agathon et Déidamie.** Conte libre par Mr. de ***. A Paris 1779. 8.

9 **Allemande (La belle),** ou les Galanteries de Thérèse (par Claude Villaret). 2 pts. A Paris, aux dépéns de la Compagnie, 1755. Pet. in 8.
Bibliogr. de l'amour 1. p. 408. — Ibid. 1758. II. Avec beau portr. (3½ Mk. Ackermann; 10 Mk. Rosenthal, München.) Ibid. 1774. 8. (8 Mk. Rosenthal.)

10 **Almanach des Grâces.** Etrennes érotiques chantantes pour l'année bissextile 1784. A Paphos et à Paris (Caillau) 1784. 18. (3 à 4 fr. Cohen.)
Avec front. de Monnet, gr. p. David. Cohen cite encore l'année 1785.

11 **Almanach des Grâces.** Etrennes érotiques, chantantes pour l'annee 1790. S. l. 18. Avec figg.
Il existe encore l'année 1792. Paris, Cailleux fils. Avec 1 fig. p. Marillier, gr. p. de Ghendt. (7 à 8 fr. Cohen)

12 **Alquié,** Le Sieur (Savinien) d', La Science et l'Ecole des Amans, ou nouvelles découvertes des moyens infallibles (!) de triomfer en Amour. A Amsterdam, chez Henry & Théodore Boom, 1677. Pet. in 12. Av. front. gr. par Romain de Hooghe. (3 Rthlr. Asher, Berlin.)
Ce petit livre s'ajoute à la collection des Elzevirs. 2de édit. ibid. 1679. pet. in 12, front. gr. (2⅔ Rthlr. Maske, Breslau; 12 fr. Claudin, Paris.)

13 **Amant** (L') maltraicte de s'amye. (Trad. de l'Espagnol.) A Toulouse 1546. 8. Fort rare.

14 **Amans** (Les) **cloîtrés,** ou l'heureuse inconstance. Nouv. édit. A Paris 1763. 8.

15 **Amazones** (Les) **révoltées** (par Louis Le Maingre de Boucicault). A Rotterdam 1738. 8.
16 **Amoenitates poeticae**, sive Theodori Bezae (1519—1605), Marci Antonii Mureti (1526—85) et Johannis Secundi (Jean d' Everaerts, dit Jean Second, 1511—36) Juvenilia: tum Joannis Boneffonii (1554—1614) Pancharis: Joachimii Bellaii (Joach. du Bellay, surnommé l'Ovide franç., vers 1524—60) Amores etc. etc. Lugduni Batavorum et Parisiis, Jos. Barbou, 1779. 8. IV—396 pp.
17 **Amoris Effigies. Sive quid sit Amor?** Efflagitanti Responsum Roberti Waring ex Aede Christi Oxon. Art. Magistr., et Academ. Procur. Londini 1668. 12. Rariss.
18 **Amour** (L')**décent et délicat**, ou le beau de la Galanterie (par l'Abbé Chr. Chayer). A la Tendresse, chez les amans. (Rouen), 1760. 16. de 127 pp. (4½ Mk. Scheible; 6½ Mk. Rosenthal.)
Bibliogr. de l'amour I. p. 139.
19 **Amour** (L') **à la mode.** Satyre historique (par Mme. de Pringy). A Amsterdam 1695. Pet. in 8. (2½ Mk. Scheible.)
Critique amusante et spirituelle.
20 — Même ouvrage. Paris 1695. Pet. in 8.
21 **Amours** (Les) **de Charlot et Toinette** (i. e. Comte d'Artois et la reine Marie-Antoinette). Pièce dérobée à V(ersailles) 1789. 8. (Scheible 12 Mk.; vente Crozet 16 fr. 15 c.)
Plaquette de 8 pp, en mauvais vers, avec 2 figg. libres, par lesquelles les portraits très-ressemblants du comte et de la reine, n. s., mais incontestablement de Desrais (25 á 30 fr. Cohen p. 23.) Pamphlet extrêmement rare. — Réimpr. sur papier vergé, 188*. 12. (3 fr. Gust. Grimm, Pest.)
22 **Amours** (Les) **de Laïs**, histoire grecque. Par M. de S***. A Londres 1765. 12.
23 **Amours** (Les) **de Mahomet**, écrits par Aiesha, une de ses femmes. A Londres 1750. Pet. in 8.
24 **Amours** (Les) **de Pierre le Long et de Blanche Bazu** (par Billardon de Sauvigny). A Paris 1796. 12. Titre dessiné p. Villemin, gr. p. Blanchard. (4 à 5 fr. Cohen.)
Ed. I. sous le titre: Histoire amoureuse de Pierre le Long et de sa très-honorée dame Blanche Bazu. Londres 1765. 12. Titre gr., 1 fig. et 3 vign. (6 fr. Porquet.)

4   Amours — Aphrodisiaque.

25 **Amours (Les) de Mirtil** (par **Fontenelle?**). A Constantinople 1761. 8. Avec figg. (30 à 40 fr. Cohen.)
Titre dessiné et gravé par Legrand, avec fleuron et 6 tres-jolies figg. p. Gravelot, gr. p. Legrand.

26 **Amours (The) of Carlo Khan.** London 1784. 8.

27 **Amsterdam.** — De Prostitutie en hare regeling te Amsterdam. Amst., O. G. van der Post, 1861. 8. IV—54 pp. — S. auch Haag.

28 **Amusements (Les) des Dames de B***** (Bruxelles). Histoire honnête et presque édifiante. Composée par feu le Chevalier de Ch****** (F. A. de Chevrier). 2. édit. A Rouen .1762. 8. Avec 2 figg.
Roman satirique et littéraire. Réimpr. á Bruxelles, s. d. (vers 1880). Pet. in 8. Front. gr. et clef des noms. (4 Mk. Lehmann u. Lutz, Frankf. a. M.)

29 **Amusements, gayetés et frivolités poétiques.** Par un bon Picard. A Londres 1783. 8.

30 **Anandria,** ou Confessions de Mlle. Sapho, contenant les détails de sa réception dans la Secte Anandrine. En Grèce 1789. 8.

31 **Anecdotes galantes,** ou le Moraliste à la mode. Par M J. Ha***. A Francfort et à Leipsic 1760. 12. (Vendu 10 fr. Techener, Paris; 2 Rthlr. Scheible.)

32 **Anecdotes galantes et tragiques** de le cour de Néron. A Amsterdam 1735. 12°.

33 **Année (L')galante,** ou les Intrigues secrètes du Macquis de L*** (Létuvière.) A Londres et à Paris, rue et hôtel Serpente (Liège, Desoer), 1786. 16. (2 fl. 80 kr. F. Rohracher, Lienz, Tyrol.)
Obscène. — Rèimpr. Cologne, P. Marteau, s. d. (18**). 12. (21 Sgr. Scheible en 187*).

34 **Aphrodisiaque externe,** ou **Traité du Fouet,** et de ses effets sur le physique de l'amour, ouvrage médico-philosophique, suivi d'une dissertation sur tous les moyens capables d'exciter aux plaisirs de l'amour; par D***** (Doppet), médecin. S. l. 1788. 12. (10 Mk. Rosenthal: expl. non rogné dans la couverture orig.)

35 **Aphrodites** (Les), ou fragmens thali-priapiques, pour servir à
l'histoire du plaisir (par le Chevalier Andréa de Nerciat).
8 nrs. (en 2 vols). Avec 8 grav. érotiques de Freudenberg,
très-finement exécutées. A Lampsaque 1793. 8. (Les gra-
vures manquent à Munich.) (Cplt. 150 à 200 fr. Cohen.)
36 **Archives** (Les) **de Priape.** Par Dom Bou*** (Bougre),
portier des Chartreux. A Sodome, chez Jacques-Frédéric
Bandalaise, libraire des Carmes et des Cordeliers, quelquefois
même des Jésuites, à l'enseigne d'une chose noire.
Manuscrit in 4.
Li **Aresta amorum**, voir Martial d'Auvergne.
37 **Aretino**, Pietro (1492—1557), Stanże. Venetia 1537. 4.
38 — Ragionamento, nel quale M. Pietro Aretino figura
quattro suoi amici che favellano de le Corti del mondo....
Novara 1538. 8.
Ed. princeps rarissima.
39 — Lo stesso. S. l. 1539. 8.
40 — La prima (e la seconda) parte de ragionamenti di
M. Pietro Aretino. Bengodi 1584 (1. Octob.). 8.
Edition dont la véritable année d'impression tombe en 1651, comme on le
peut voir par les mots MeDICata reLabor à la page 339 de la 2e partie.
(Vente Manderstroem II. no. 1083—84; Ebert no. 967.*1).
Von dieser Ausgabe gibt es zwei verschiedene Drucke, welche jedoch hin-
sichtl. der Seitenzahlen übereinstimmen. Sie haben 2 Accessionen: 1) Il
piacevol ragionamento, nel quale il Zoppino fatto frate, e Lodovico puttaniere,
trattano de la vita e de la genealogia di tutte le cortigiane di Roma, composto
da questo medesimo Autore per suo piacere. Bengodi 1584 (i. e. 1651). 8.
2) Commento di Ser Agretso (statt Agresto) da Ficaruolo, sopra la prima
ficata del Padre Sicco. Con la diceria de'nasi. Alli X d'Aprile 1538. 8
41 — La terza et ultima parte de'ragionamenti (!) del divino
Pietro Aretino. Ne la quale se contingono due raggiona-
menti cioè de le Corti, e del Giuoco, cosa morale e bella.
Veritas odium parit. S. l. (Valcerca.) Appresso Giov. Andrea
del Melagrano. 1589. 8. (In München in duplo.)
42 — Coloquio (sic) de las damas.... Agora nueuame'te
traduzido de lengua toscana en castellano, por el Beneficiado
Fernan Xuares. Sevilla 1547. Juan de Leon impressor
a Santa Marina. 8. (Aus der Augsburger Stadtbibl. jetzt
in der Münchener Bibl.)

6 Aretino, Pietro.

Uebersetzung der Giornata terza der Piima Parte von Aretino's Ragionamenti, mit Umänderung des Namens „Nanna" in „Lucrezia",

43 **Aretino**, Pietro, lo mismo: Colloquio de las Damas, nuevameute impresso y corregido. Agora nuevamente traduzido de lengua Toscana en Castellano. Por el beneficiado Fernan Xuarez. Çaragoça, por Diego Hernandez, impressor de libros. 1548. 8.
Dem Bibliographen unbekannte Ausgabe.

44 — Lo mismo: Coloquio (sic) de las damas; Agora, nueuamente corregido y emendado. . . . S. l. 1607. 8.
Wegen der hiervon vorhandenen deutschen Uebersetzung s. Hayn, H., Bibliotheca Germanor. erot. 2. Aufl. Lpz. 1885. p. 15.

45 — Dialogue, où les vies et faits de Lais et Lamia, courtisanes de Rome, sont déduites. Traduict d'Italien en Français. S. l. n. d. 8.
Uebersetzung der Giornata terza der Prima Parte von Aretino's Ragionamenti, jedoch mit Umänderung der Namen „Nanna" und „Antonia" in „Lais" und „Lamia".

46 — Pornodidascalus, seu Colloquium muliebre Petri Aretini de Astu nefario horendisque (sic) dolis, quibus impudicæ mulieres juventuti incautæ insidiantur etc. Caspar Barthius (geb. 22. Juni 1587 zu Küstrin, privatisirte zu Lpz. u. Halle, † 17. Septbr. 1658) traducebat. Cygneae, typis et sumptibus Melchioris Göpneri, 1660. 8. (15 Mk. Scheible in 1887.)
„La meilleure édition" (vente Manderström II. no. 1085). — Frühere Ausgabe: Pornodidascalus . . . Ex Italico in Lat. trad. a Casp. Barthio. Cygneae 1616. 8. (In Stralsund, Rathsbibl.) Francof. 1623. 8. (In München.)

47 — Het Leeven en d'arglistige Treken der Courtisanen te Romen. . . . beschreven door Aretin. Met plaaten. Te Leyden, s. a. 12.
Aensserst seltene holländ. Uebersetzung.

48 — Capricciosi e piaceuoli ragionamenti di M. Pietro Aretino, il veritiero e'l divino cognominato il flagello de' principi. Parte I. II. (1 vol.) Nuoua edizione. Con certe postille, che spianano e dichiarano evidentemente i luoghi et le paroli più oscure, e più difficili dell'opera. Stampati in Cosmopoli (Amsterd., Elzevier). L'anno 1660. 8. (In München in duplo.) (Auch in Nürnberg, Stadtbibl.)

(50 Mk. Scheible in 1887; in Frankreich mit 102—222 fr. offerirt.)
541 pp. Willems, Elzev. no. 858; Ebert no. 969. — Schönste u. gesuchteste Ausgabe m. 3 Anhängen (sämmtl. in München): 1) Il piacevol ragionamento de l'Aretino nel quale il Zoppino fatto frate. e Lodovico puttaniere, trattano de la vita e de la genealogia di tutte le cortigiane di Roma. (Amst., Elzev.) 1660. 8. 2) Commento di Ser Agresto da Ficaruolo sopra la prima ficata del Padre Sicco. 3) La puttana errante, ovvero dialogo di Madalena è Giulia di M. P. Aretino. S. l. et a. (Ibid. eod. annc.) 8. 38 pp.
Wegen der deutschen u. französ. Uebers. des dritten Anhangs. Hayn, Hs., Bibliotheca Germanor. erot. p. 94.
Ueber Aretino s. ferner De Boispréaux, la vie de Pierre Arétin. La Haye, Jean Neaulme, 1750. Pet. in 12. Avec portr. et médailles. (2 fr. Porquet en 1884.) — Samosch, S., Pietro Aretino u. andre italien. Charakterköpfe. Berlin 1881. 8. (Mk. 3.)

49 — Vie de l'Arrétin, ou entretiens de Magdelon et de Julie. Nouv. édit. S. l. 1783. 8. Avec figg.
Darin französ. Uebersetzung des dritten Anhangs der vorigen Nr.

50 — Le Carte parlanti nel quale si tratta de giuco con moralita piacevole. Dialogo di Partenio Etiro. Venetia, Marco Ginammi, 1650. Pet. in 8, de 294 pp. (1 Rthlr. vente Sobolewski).

51 — Dubbii amorosi, altri dubbii, e sonetti lussuriosi. Nella stamperia del Forno alla corona de'Cazzi. S. a. (Paris, Grangé, vers 1757). 16.
Ebert no. 951. — Gli stessi, dedicati al clero. Roma 1792. Pet. in 8. (4 Rthlr. vente Sobolewski.)

52 — Opere. Vinegia 1552. 4.

53 — Gli stessi. Ordinate ed annotate per Messimo Fabi, precedute da un discorso intorno alla vita dell'autore ed al suo secolo. Milano, Sanvito, 1863. 8.
Portr., 4 ff. et 429 pp.

54 — Oeuvres choisies de Pierre Arétin, traduites de l'Italien. pour la première fois, avec des notes par P.- L. Jacob (Paul Lacroix). Précédées de la vie abrégée de l'Auteur par Dujardin d'après (G.) Mazzuchelli. Paris, Charles Gosselin, 1845. in 18. (1²/₃ Rthlr. vente Sobolewski no. 825.)
Enth. nur 3 Schauspiele mit Anmerkgn.

55 — Capitoli del S. Pietro Aretino, di M. Lodovico Dolce, di M. Francesco Sansovino, et di altri acutissimi ingegni, (S. l.) Per Curtio Navò e fratelli. 1540. 8.

8 Arrétin — Art.

Beibände des Münchener Expl. 1) Le Terze Rime del Berni et del Mauro. (Berni.) (S. l.) Per C. Navò 1537. 8. 2) Sonetti del Bernia. Ferrara 1537 per Scipion. (Berni.) 8. 3) Capitolo del gioco della primiera col commento di Pietropaulo da San Chirico. Venezia 1534. 8.

56 **Arrétin** (L')**moderne** (par l'Abbé Henri-Jos. Dulaurens, 1719—97). 2 pts. A Rome, aux dépens de la Congrégation de l'Index, 1774. 12. (8 Mk. Prager, Berlin.)
Ce livre scandaleux est une critique vive et assez gaillarde des principales histoires de la Bible. On y trouve les originaux des rapsodies qui causèrent la condamnation de „Mina Tidsfordrif pa gällstufvan", de Kexel. (Voir Bibliogr. de l'amour, et vente Manderström II. no. 1135.)
Frühere Ausg. sub tit.: L'Arrétin, ou la débauche de l'esprit en fait de bon sens. 2 pts. Rome 1763. 8. (In Berlin.) (2½ Rthlr. Maske, Breslau.) Réimpr. ibid. 1768. 12. II; 1772. 12. II. (6 fl. 48 kr. Ackermann.) Spätere Ausgaben: Ibid. 1775. 12. II. (15 fr. Porquet); ibid. 1776. 12. II. (18 Mk. Scheible.)

57 **Art** (L¹) **d'aimer.** Poëme héroique en quatre chants (par Franç.-Etienne Gouge de Cessières). S. l. 1745. 12. (48 kr. Ackermann.)
Ed. princeps.

58 — Même ouvrage. A Amsterdam 1748. 8.

59 — Même ouvrage. A Londres 1750. 8. (Auch in Stuttgart.) (⅓ Rthlr. Köhler, Lpz.)

60 — Même ouvrage sous le titre: L'Art d'aimer, nouveau poëme en six chants, par Monsieur***. Edit. fidèle et complette, enrichie de figg. A Londres, aux dépens de la Compagnie (Paris) 1758. 8. Avec 7 figg.
Ibid. 1760. 8. (2 Mk. Ackermann.)

61 **Art** (L')**de désoppiler la Rate,** sive de modo C .... (chier) prudenter. En prenant chaque feuillet pour se T .... le D .... Entremêlé de quelques bonnes choses. (Compos. par A.-Jos. Panckoucke, 1700—53). A Gallipoli de Calabre l'an des folies 175886 (Paris 1758). 12. (7½ Mk. Kirchhoff u. Wigand, Leipzig.)
Andre Ausg.: Venise (Caen), Ant. Pasquinetti, 178873 (1773). 8. II. (10 Mk. Albert Cohn, Berlin.)

62 **Art** (L')**de plumer la poulle sans crier.** A Cologne 1710. 8.
Autre ed.: A Cologne chez Robert le Turc, au Coq Hardi, 1720. Pet. in 12. Frontisp. n. s. (10 à 12 fr. Cohen.)

63 **Art** (The) **of making love:** or Rules for the conduit of Ladies and Gallants in their amour. London 1676. 8. Rariss.

64 **Augustins** (Les). Contes nouveaux (par de Piis). 2 pts.
A Rome (Paris) 1779. 12. (15 à 20 fr. Cohen.)
<small>Avec 2 ravissants frontisp. n. s — Cohen p. 456: Ce titre - ci se trouve sur la première page. Le titre principal porte: „Contes nouveaux en vers et poésies fugitives, par M.... A Rome (Paris) 1779. — Autre impress.: Londres, s. d. 12. II.</small>

65 **Autant en emporte le vent,** ou Recueil de pièces un peu, un peu.....; on le verra bien.... 2 pts. A Gaillardopolis (Paris, Cazin) 1787. 12.
<small>Ed. antér.: Ibid. 1787. 12. II. Cont. e. a.: La dormeuse prévoyante; l'estime en amour; le muet qui parle; la fille de quinze ans; le songe accompli etc. (12 Mk. Scheible en 1887.)</small>

66 **Avanture historique.** A Paris l'an 1679, mense Aug. 8, de 56 et 1 pp.
<small>Il existe des exemplaires avec une clef des noms. (10 Mk. Kössling, Lpz.)</small>

67 **Avantures** (Les) **d' Aristée et de Télasie.** 2 tom. A Amsterdam 1732. 8. (In München in duplo; 1 Expl. auch in Stralsund.)

68 **Aventures** (Quelques) **curieuses et galantes des bals de bois.** A Paris 1745. 8.

69 **Adventures** (Les heureuses) **de Darilis.** A Paris 1639. 8. Fort rare.

70 **Avantures** (Les) **galantes de quelques enfants de Loyola.** 2 pts. Au Paraclet 1772. 8. Avec figg.
<small>Réimpr. à Bruxelles, vers 188*). 12. II. (10 fr. Gust. Grimm, Pest.)</small>

71 **Aventures** (Les) **du Baron de Faeneste.** 4 pts. S. l. 1630. 8. (In München in duplo.)

72 **Aventures diverses de France** (par d'Assoucy?). S. l. 1707. 8.
Aventures de Londres, voir **London.**

73 **Aventures amoureuses de Luzman....** (trad. de l'Espagnol par G. Chappuys-Tourangeau). A Rouen 1598. 8. Rariss.

74 **Avantures secrettes.** Par Mr. de G***. Suivant la copie impr. à Paris 1696. 12.

75 **Avantures secrettes et plaisantes,** recueillies par Mr. de G*****. A Bruxelles 1706. 12.

76 **Avantures** (Les) **galantes du Chevalier de Thémicour,** par Mme. D** (Catherine Durand de Bédacier). A Lion, chez Bardel, 1706, et se vend à Bruxelles, chez J. B. de Leeneer (à la sphère). Pet. in 12. (In München in duplo.)

10 Aventures — Banquet.

77 **Aventures (Les) de Zéloide et d'Amanzarifdine.** A Paris 1717. 8.
78 **Aventures et lettres galantes, avec la promenade des Tuilleries** (!), **et l'heureux naufrage**; dédié au beau sexe. Contenant plusieurs histoires et plusieurs particularitez très-agréables. (comp. par le Chevalier de Mailly). 2 tom. A Amsterdam 1718. 12. (1 Rthlr. Scheible.)
79 **Aveux (Les) d'une femme galante,** ou lettres de Mme. la Marquise de ***, à Myladi Fanny Stapelton. Londres, Paris, Bruxelles 1783. 8, de 170 pp. (3 Mk. Lehmann & Lutz, Frankf a. M.)
80 — Même ouvrage. Ibid. 1786. 8.
81 **Azoila,** histoire qui n'est point morale. A Amsterdam et à Paris 1768. 12.
82 **Baby-Bambou.** Histoire archi-merveilleuse. Publiée par M. D. de S*** (Deschamps de Saucourt). A Chiméronville, et se trouve à Paris chez Brunet (1784). Pet. in 12.
83 **Bacchi et Veneris facetiae.** S. l. 1618. 8. Rariss.
84 **Baisers** (Les) (collection de 15 petits poèmes érotiques), suivis du mois de Mai, poëme (par Claude-Jos. Dorat, 1734—80). A Genève 1771. (Cazin) 18. Joli front. n. s. (6 à 7 fr. Cohen.)
   Ed. I.: A la Haye et à Paris 1770. 8.
85 **Balai** (Le), poëme héroï-comique en XVIII. chants (par l'Abbé H.-J. Dulaurens). A Constantinople, de l'imprimerie de Mouphti (Paris), 1772. 12. (1½ Rthlr. Weigel, Lpz., en 1872.)
   Frühere Ausg.: Ibid. 1761. 8. (4½ Mk. Ackermann; 5 fl. Gilhofer & Ranschburg, Wien: expl. br. n. r.)
86 — Même ouvrage. Ibid. 1791. 8. (18 Sgr. Scheible.)
   Spätere Ausg: Ibid. 1802. 12. II. (⅔ Rthlr. Scheible.)
87 **Bandello,** Matteo (1480—1561), Rime. Tratte di un Codice della Regia Biblioteca di Torino e pubblicate per la prima volta dal Dottore Lodovico Costa. Torino, vedova Pomba e figli, 1816. 8.
   Portr., XXIII—273 pp , 7 ff., 1 tav.
88 **Banquet of Wit** (The), or a Feast for the polite world. London, s. a. 8. With 1 print.

89 **Barth,** Casp. (1587—1658), Amphitheatrum seriorum et jocorum libris XXX epigrammatum constructum. Hanoviae 1613. 8.
90 — Erotodidascalus, sive nemoralium libri V. Ibid. 1625. 8. (Auch in Stralsund.)
91 — Pornoboscodidascalus latinus. Francof. 1624. 8.
— Vide quoque Aretino, Pietro.
92 **Barthélemy,** L'Abbé (Jean-Jacques, né le 20 janv. 1716, †le 30 avril 1795), Halicarnasse, Prienne, Paphos et le Mont-Erix, opuscules posthumes. A Paris, an V (1797). 12. Avec figg.
93 — Mémoires secrets de Mme. de Tencin, ses tendres liaisons avec Ganganelli.... 2 pts. S. l. 1792. 8.
94 **Bebelius,** Henr. (1472—1514), Facetiarum libri III, a mendis repurgati et in lucem rursus redditi. His accesserunt selectæ quædam Poggii facetiæ. His additæ sunt et Alphonsi, regis Arragonum, et Adelphi facetiæ. Item prognosticon Heinrichmanni. Tubingae 1557. 8.
<small>Rep. ib. 1561. 8. (15 Mk. Rosenthal.) Wegen der deutschen Uebersetzung von Bebel's Facetien s. Hayn, 2. Aufl., S. 21. — S. auch Frischlin, Nicod.</small>
95 — Triumphus Veneris Henrici Bebelii poete (!) laureati, cum Commentario Johannis Altenstaig, Mindelheimensis. Argentine 1515. 4. (In München fünf Expl.) (Auch in Nürnberg, Stadtbibl., ex bibl. Solger. II. p. 434.) (25 Mk. G. Hess, München.)
<small>Mit hübsch. Titelholzschn. Cfr. Vogt p. 77; Freytag, adparat. II., 963—67; Zapf, G. W., Heinrich Bebel nach seinem Leben u. Schriften. Ein Beitrag zur älteren Litteratur- u. Gelehrtengeschichte Schwabens. Augsb. 1802. 15 Bll. u. 320 S. 8. — Zuerst enthalten in: Opera Bebeliana sequentia. / Triumphus Veneris sex libris co·/scriptus Heroico carmine./etc. etc. — In fine : Phorce in aedibus Thomae Anshelmi Badensis. Anno M. D. IX. (1509.) Mense Augusto. 4. 110 Bll. (In Göttingen nur 53 Bll. vorhanden.) (Zapf 224—40.) Goedeke, 2. A., I. p. 440.</small>
96 **Bernard** (Abbé Pierre-Jos., 1710—75), L'Art d'aimer, et Poésies diverses. S. l. ni d. (Paris 1775). Gr. in 8. Avec 2 grav. d'aprés Eisen gr. par Ponce et Bacquoy. (In München in triplo; auch 1 Expl. in Stuttgart.)
97 — Poésies choisies de (Gentil-)Bernard. Avec une notice bio-bibliographique par Fernand Drujon. Paris, A. Quentin, 1884. 8.
<small>XX—365 pp. Avec portrait.</small>

12 Bernis — Beverlandus.

98 **Bernis** Mr.(Franç.-Joach. de Pierre) leCardinal de(1715—74), Oeuvres mêlées; en prose et en vers. Edit. nouv., augm. et corrigée. A Amsterdam 1761. 8.
Frühere Ausg : Göttingue et Leide, Elie Luzac fils, 1756. Pet. in 12. (Vente Manderström II. no. 608.)
Béroalde de Verville, voir Moyen (Le) de parvenir.

99 **Bertin** (Antoine, dit Chevalier de—, né à l'île Bourbon le 10 octobre 1752, † à Saint-Dominique en juin 1790), Oeuvres. 2 tom. A Paris 1806. 8.
Voyez nouvelle biogr. générale. t V. Paris 1853. p. 730.

100 **Beverlandus**, Hadrianus (Adriaan Beverland, 1654—1712), De Fornicatione cavenda admonitio, sive adhortatio ad pudicitiam et castitatem. Editio nova et ab auctore correcta. Juxta exemplar Londinense (Hollande) 1698. 12. (In München in triplo; 1 Expl. auch in Stralsund.)
Vogt p. 87. — Idem opus. Cui accessit Joan. Brandii dissertatio nefandissimi sceleris Ononitici gravissima. S. l. 1698. 8. (In Nürnberg, Stadtbibl., ex bibl. Solger. III. p 363.)

101 — Hadriani Beverlandi, J. U. L., De Peccato originali κατ' ἐξοχήν sic nuncupato, Dissertatio. Ex typographeio, 1679. 8.
Cette édition ayant subi, dit-on, des suppressions, l'édition originale passe pour la seule complète. Elle a le titre suivant : „Peccatum originale κατ' ἐξοχήν sic nuncupatum, philologice προβληματικῶς elucubratum a Themidis alumno Hadriano Beverlando. Eleutheropoli extra plateam obscuram, sine privilegio auctoris, absque ubi et quando. (In fine:) In horto Hesperidum, typis Adami Evae Terrae filii". S. l. et a. (Lugd. Batav. 1678.). 12. (In Nürnberg, Stadtbibl., ex bibl. Solger. III. p. 312.) „Ed. I rariss. libri rari spurcissimique". Vogt p. 85. Voir aussi: Osmont p. 98; Clément III. p. 272 ; Bibliogr. de l'amour V. p. 463; vente Manderström II. no. 992. — Idem opus Lugd. Bat. 1679. 8. (In Nürnberg, Stadtbibl.) Französ. Uebers.: Etat de l'homme dans le péché originel. S. l. 1714. 12. (In Nürnb., Stadtbibl., ex bibl. Solger. III. p. 319; Liber prohib. eximiae raritatis. Autor opinioni scandalosae accedit Beverlandi famosi.) 5. édit. Imprimé dans le monde ou 1740. 12. Brunet: „Edit. la plus complète". (2 Rthlr. Rosenthal.) Même ouvrage, trad. librement par J. Bernard. Paris 1868. 8. Tirage à 237 expls. num. (6 Mk. Ackermann.) Fast unbekannt geblieben ist eine deutsche Uebertragung: Philosophische Untersuchung von dem Zustand des Menschen in der Erbsünde. Nach der 6. verbess. Ausgabe übers. von M. Frankfurt u. Leipzig 1746. 8. (In Nürnberg, ex bibl. Solger. III. p. 312.)

102 — Hadriani Beverlandi Justinianei De stolatae Virginitatis jure lucubratio academica. Lugduni in Ba-

tavis, typis Joannis Lindani, 1680. 8. (In München in duplo; auch je 1 Expl. in Nürnberg, Stadtbibl., u. in Stralsund.) (2 Rthlr. Scheible.) Vogt p. 85.
103 **Bi-Bi**, conte, traduit du Chinois par un François (composé par F.-A. de Chevrier). Première et peut-être derniére édition. A Mazuli chez Khi-Lo-Khula, imprimeur privilégié pour les mauvais ouvrages. L'an de Sal- Chodaï 623 et de l'âge du traducteur 24. (Paris 1746.) 18.
104 **Bigarrures ingénieuses**, ou Recueil de diverses pièces galantes en prose et en vers. S. l. 1696. 12.
Bijou (Le) **de la Société**, voir **Cabinet** (Le) **de Lampsaque**: note.
105 **Bonefonius**, Jo., Arvernus (Jean Bonefont, né 1554 à Clermont en Auvergne, † 1614 à Bar sur Seine), Pancharis (nom d'une maîtresse imaginaire de B.). Leovardiae 1613. 8.
Ed. I. Parisiis 1587. 8. Rariss. Poème érotique en vers hendécasyllabes. Rep. Helmaestadii, typis beredum Jacobi Lucii, anno 1620. Pet. in 12. (Vente Manderström II, no. 488.) Rep. Altenburgi, apud Gothofredum Richterum 1669. 12. (Curante M. Chp. Graefio.) (l. c. no. 489.) On trouve cet opuscule aussi dans les „Amoenitates poeticae" (voir ci-haut). Traduction française sous le titre: Pancharis, ou les Baisers de J. Bonnefons d'Auvergne, trad. en vers par F. T(issot). Paris, F. Didot, 1818. 18.
106 — Idem opus. Lugd. Batav., Jos. Barbou, 1779. 8.
107 **Bordel patriotique**, institué par la Reine des François etc. Aux Tuilleries (!) 1791. 12.
108 **Bréviaire** (Le) **des jolies femmes**, ou Nouvelles et poésies galantes, trouvées manuscrites dans le portefeuille de Mme. la princesse de Lamballle, massacrée à l'hôtel de la Force, etc. A Paris, au Temple du Goût, 1793. 18. 1 fig. dans le genre de Quéverdo, n. s. (6 à 8 fr. Cohen.)
109 **Brisson**, Barnabé (Rechtsgelehrter, 1574 von König Heinrich III. zum General-Advokaten ernannt, später Gesandter in England, am 15. Novbr. 1591 zu Paris von den Ligisten gehenkt), De ritu nuptiarum liber singularis.... Ejusd. de jure connubiorum liber alter. Parisiis 1564. 4.
110 — Idem opus. Acced. Hotmanus (Jurist, Historiker. geb. 1527, entging dem Gemetzel der Pariser Bartholo-

mäusnacht, † 1590), De sponsalibus, de veteri ritu nuptiarum et jure matrimonii; item de spuriis et legitimatione. Amstelod., P. le Grand (caract. Elzev.) 1662. 12. (4½ Mk. Rosenthal.)
Front., 504 pp. et Index. Willems no. 1706.

111 **Brückmann**, Franz Ernst (1697—1753), Relatio brevis physica de curiosissimis duabus conchis marinis, quarum una Vulva marina et altera Concha venerea nominatur. C. tab. aen. Brunsv. 1722. 4.
Sehr curios u. äusserst selten! — Von Brückmann noch eine Schrift patholog. Inhalts in München : Observatio .... vermis .... Wolffenb. 1723, 4. — Ein deutsches Curiosum desselben Verf. s. bei Hayn, Bibl. erot. p. 76.

112 **Brusonius**, Lucius Domitius, Contursinus Lucanus (=Lucio Domitio Brusonio), Facetiarum exemplorumque.... libri VII, repurgati opera Conradi Lycosthenis Rubeaquensis. Basileae, s. a. (Praefatio de anno 1559.) 4. (Auch in Stralsund u. in Zürich, Stadtbibl.)
Ed. I. Romae, J. Mazochius, 1518. Fol. Mit prächt. Hlzsch.-Bordüre, (40 Mk. F. Butsch, Augsburg.)

113 — Facetiarum libri sex. Lugduni, Frellonius, 1560. 8.
Graesse I. p. 558.

114 — Facetiarum exemplorumque libri VII. Ibid. 1562. 8. (15 Mk. Rosenthal.)
499 pp. et 2 ff. index.

115 — Rerum memorabilium, insignium sententiarum, historiarum, miraculorum, apophthegmatum, exemplorum, facetiarumque etc. libri VII. Francof. ad M. 1600. 8. (In München in triplo.)
851 pp.

116 — Idem opus. Ibid. 1609. 8. (4 fr. 50 c. Claudin.)
Bruxelles, voir **Amusements** (Les) **des Dames de B*****

117 **Cabinet** (Le) **d'Amour et de Vénus**, contenant les pièces marquées à la table suivante. 2 tom. A Cologne, chez les héritiers de Pierre Marteau, s. d. (vers 1775). Pet in 12.
Cfr. Vogt. — Il existe une réimpression sous le titre: La Bibliothèque d'Arétin, contenant les pièces marquées à la table suivante. A Cologne, chez Pierre Marteau, s. d. (Stoutgart, vers 1860?). 8.

118 **Cabinet** (Le), **de Lampsaque** ou choix d'épigrammes érotiques des plus célèbres poëtes françois. 2 tom. A Paphos

1784. 16. Avec 101 figg. (qui paraissent être de Desrais ou de Leclerc) (160—200 fr. Cohen; 60 Mk. Scheible.)
L'édition originale de ce livre recherché a paru sous le titre: La Légende joyeuse, on les Cent une leçons de Lampsaque. 2 vols. A Londres, chez Pinne (en 1749—50). 32. Avec 1 eau-forte allégorique, ljolie vignette, non signées. — Réimprimé sous le titre: Le Bijou de la Société, ou l'Amusement des grâces. 2 vols. A Paphos, s. d 16. (110 fr., vente Vulliet; Cohen p. 91.)

119 **Cabinet** (Le), **satyrique** ou Recueil parfaict des vers piquans et gaillards de ce temps, tiré des secrets cabinets des Sieurs de Sigognes, Regnier, Motin, Berthelot, Maynard et autres des plus signalez poëtes du XVII. siècle. 2 tom. S. l. ni d. (vers 1670). 12.
Frühere Ausg: S. l. (Leyde, Hackius) 1666. Pet. in 12. II. (In Stralsund.) (Vente Manderström II. no. 528: Tome 2 seulement.) Recueil recherché de poesies fort libres. (Voir Jahn's Bibl. II. p. 462; Blaufus I. p. 189; Brunet.)

120 — Le même. 2 tom. S. l. 1672. 12.

121 — Le même. 2 tom. Imprimé au Mont Parnasse, s. d. (1697). 12. Avec 2 frontisp. (16 Rthlr. Asher; 14 Rthlr. Weigel).
Réimpr. s. l. 1854. 12. II. front. gr., papier de Hollande. (80 fr. Porquet en 1884.) Nouv. édit. complète, revue et corrigée, avec glossaire, variantes, notices biographiques, etc. Gand, Duquesne, 1859—60. III. Pet. in 8. Edit. estimée, imprimée à 134 expl. (Vente Manderström II. no. 529.)

122 **Campagnes** (Les) galantes de Mr. de Tirneville, ou le bonheur inattendu. A Londres 1775. 8.

123 **Canapé** (Le), couleur de feu, histoire galante. Par de *** (Fougeret de Montbron, † 1761). A Amsterdam 1741. 8.
Edit. orig., très-rare. — Réimpr. à Londres, chez Samuel Harding (Holl.) 1742. 8. Avec 2 grav. érotiques. (3 Rthlr. Scheible.) Nouv. édit. ibid. 1745. 8. (In Stralsund.)

124 **Capocoda**, Giulio (Gregorio Leti, 1630—1701), L'amore di Carlo Gonzaga, duca di Mantoa, e della contessa Margarita della Rovere. Ragusa 1666. 12.
Rep. ibid. 1676. 16. (5 Mk. Hess, Ellwangen.)

125 — Les Amours de Charles de Gonzague, duc de Mantouë, et de Marguerite, comtesse de Rovere. Ecrites en italien...., et traduites en françois. S. l. (Amsterd., Wolfgang) 1666. 12. (In München in duplo.)

126 — Même ouvrage. S. l. (ibid.) 1667. 12. (7½ Mk. Lesser Breslau; 6 Mk. Alb. Cohn, Berlin.)
Brunet I. 1566.

16 Caprices — Castillo.

127 **Caprices** (Les) **de l'Amour.** 2 tom. A Lyon 1681. 8.
128 **Capucinade** (La). Poëme épique en IV chants. S. l. 1792. 8.
129 **Capucins** (Les). 2 tom. A Paris 1802. 8.
130 **Capucins** (Les) **sans barbe,** histoire napolitaine. S. l. 1761. 12. (2 Mk. Ludolph St. Goar, Frankf. a. M.)
Petit ouvrage fort satirique et peu commun. — Nouv. éd.: A Naples, chez Barbu, 1776. 12. (4½ Mk. Scheible.)
131 **Caquet-Bonbec,** la Poule à ma Tante. Poëme badin (par de Junquières). Nouv. édit., revue, corrigée et augmentée d'un chant. S. l. (Holl.) 1764. 8. Avec front. gr. (3 Mk. Kirchhoff & Wigand.)
Ed. I. vers 1762; 2e éd. revue, corr. et augm. d'un chant. S. l. (Paris) 1763. 8. Front. gr. d'après Gravelot par Bacquoy. (fl. 2 Gilhofer u. Ranschburg; 5 à 6 fr. Cohen.) — Nouv. édit. s. l. (Holl.) 1765. 8. (Vente Manderström. II. no. 679.) Nouv. édit. Paris, Drost ainé, 1802. Pet. in 8. Titre gr. assez curieux. (l. c. no. 680.)
132 **Carranza,** Alphons. à, Disputatio de vera humani partus naturalis et legitimi designatione. Matriti 1628. Fol.
Rep. tit.: Carranza, A. de, de partu naturali et legitimo, add. C. Annib. Fabroti exercitatt. de tempore humani partus. Genevae 1629. 4. (2½ Mk. Auct. Dr. Davidson. Breslau 1881. no. 4011.)
133 — Idem opus. 2 pts. Hamburgi 1603. (1604?.). Fol.
134 — Idem opus. Editio altera (sic!). Ibid. 1617. 4.
Rep. ibid. 1628. 4. (Auct. Dr. Davidson no. 4756.)
135 — Idem opus. Ibid. 1662. 4.
Von demselben Arzt hat man: De natura muliebri et de notis virginitatis. Hanov. 1654. 4. (Auct. Davidson no. 3420.) Tractatus de natura muliebri s. disputationes ac lectiones pisanae. Francof. 1668. 4. Mit Portr. und 1 Kpftaf. (Rosenthal, Cat. 44 no. 558: Beibd.)
136 **Case** (The) **of Impotency,** as debated in England in that remarkable tryal An. 1613 between Robert Earl of Essex and the Lady Frances Howard etc. Written by George Abbot, D. D.. Lord Archbishop of Canterbury. London 1715. 8.
137 **Cases** (The), **of Polygamy** Adultery, Concubinage, Divorce etc. Seriously and Warnedly discussed. London 1732. 8.
Voir aussi sous „trials".
138 **Castillo de Solorzano,** Alonzo (blühte um 1630), La Quinta de Laura, que contiene seis Novelas .... Çaragoça, Matias de Lizan, 1649. 8. Muy raro.

Caylus — Chronique. 17

139 **Caylus** (Anne-Claude-Phil.), Comte de (1692-1765), Oeuvres badines complettes. 12 tom. A Amsterdam et à Paris 1784 (1787?). 8. Avec figg.: 1 portr. par Cochin, gr. p. Delaunay jeune, et 24 figg. p. Marillier, gr. p. Bacquoy, Borgnet, Dambrun, Fessard, Le Villain, Maillet, de Ghendt. Giraud l'aîné, Hubert, Patas et Thomas. (50 à 60 fr. Cohen; 40 Mk. G. Hess, München.)

140 **Cercle**, Le, ou **Conversations galantes**: sur la Copie imprimée à Paris, 1675. 12. (Auch in Berlin.)

141 **Chandelle d'Arras** (La). Poëme héroi-comique, en XVIII chants (par l'Abbé Dulaurens). A Berne 1765. 8. Front. gr. (vente Sobolewski 1 1/6 Rthlr.; 2 fl. Ackermann; 4 Mk. Scheible.)
Poème licencieux et antireligieux. — Nouv. édit. Londres 1774. 8. (1 2/3 Rthlr. Scheible.) Nouv. édit. précédée d'une notice sur la vie et les ouvrages de l'auteur ornée de 19 planches d'après Desrais. Paris 1807. Gr. in 8. (3 Rthlr. Armbruster, Lpz., en 1853.) Ibid. chez les marchands de nouveautés, 1838. 18. 19 figg. (2¨Rthlr. Scheible.) Ibid. 1834. 18. Ibid. 1845 18. 1.grav. (3 Mk. Scheible.) — Le même sous le titre: Ètrennes aux gens d'église, ou la Chandelle d'Arras. Poême héroi-comique, en XVIII chants. Arras, aux dépens du Chapitre 1774. 8. (5 Rthlr. Weigel; 1 Rthlr. Scheible: 3 Mk. Ackermann.) Ibid., aux dépens des moines, 1775. 8. (Vente Manderström II. no. 612.)

142 **Chanson d'un Inconnu**, nouvellement découverte et mise au jour avec des marques critiques . . . A Turin 1737. 8.

143 **Chansonettes galantes**, ou pièces fugitives trouvées à la Bastille A Paris 1791. 8. (12 Mk. Völcker, Frankf. a. M.)

144 **Chansons** qui se vendoient au Caffé du Caveau au Palais Royal. (Paris) 1784—85. 8.

145 **Chasteté** (La) **du Clergé dévoilée**, ou Procès-verbaux des séances du Clergé chez les filles de Paris, trouvée à la Bastille. 2 pts. A Rome, de l'imprimerie de la Propagande, et se trouve à Paris, chez les marchands de nouveautés, 1790. 8.
Attribué (faussement?) à Restif de la Bretonne, dans le catalogue principal manuscrit de la bibliothèque de Munich.

146 **Chronique scandaleuse** (La), ou Mémoires pour servir à l'histoire de la génération présente, contenant les anecdotes et les pièces fugitives les plus piquantes que l'histoire secrète des Sociétés a offertes pendant ces dernières années etc. Vol. 1—2 (par G. Imbert). A Paris, dans un coin d'où l'on voit tout, 1785. 8.

2

18 Chronique — Contes.

<small>Ed. I. ibid. 1783—84. Rare. (9 Mk. Ackermann.) Le titre du tome I. porte: La Chronique scandaleuse, ou Mémoires p. s. à l'histoire des moeurs etc. (Vente Manderström II. no. 913.)</small>

147 **Chronique scandaleuse (La),** .... Vol. 1—4 (par G. Imbert et d'autres). Ibid. 1788. 8.

148 — Même ouvrage. Vol. 1—4. 4. édit. Ibid. 1791. 8.
<small>Vente Manderström II. no. 914: Nouv. édit., considérablement augmentée. 5 tomes. Ibid. 1785—91. 12. Collection rare, surtout complète. T. 5 apart, ibid. 1791, cont. 256 pp. (1½ Mk. Heberle, Cöln.)</small>

149 **Cocq (Le), ou Mémoires du Chevalier de V***.** A Amsterdam. 1742. 8.

150 **Cocu (Le) content, ou le véritable miroir des amoureux.** Histoire nouvelle et galante. A Amsterdam 1702. 12.

151 **Collection of Songs,** with some Originals. Dublin 1769. 12.

152 **Confessions (Les) du Comte de***.** Histoire galante (par C. Pinot, Sieur Duclos, de l'Académie française). 2 pts. A Lyon 1764. 8.
<small>Ed. 1—2: 17**; 3—4: Amstard. 1742. (éd. 3 à Berlin). 8. II. (⅔ Rthlr. Masks.) Ibid. 1773. 12. II. (3 fr. 50c. Claudin en 1876.) Londres (éd. Cazin) 1781. 18. (1 Mk. 80 Pf. Ackermann.) Les Confessions du comte de***, écrites par lui-même à un ami. 6. édit. Amsterd. et Paris, Nyon, 1783. Gr. in 8. Les Confessions du comte de***, par M. Duclos, de l'Académie françoise, huitième edit., ornée de belles gravures par les meilleurs maîtres (7 figg. orig. et quelquefois fort jolies, p. Desrais, gr. p. Delaunay, Frière, Voysard et Mmes. Jeanne Deny, Lingée et Ponce). 2 pts. en 1 vol. Londres et Paris, Costard, 1776 (sic). Gr. in 8. (100 à 125 fr. Cohen.)</small>

153 **Confession de Mme. la Comtesse de***.** Écrites par elle-même à une amie. 2 pts. Londres 1744. 8. (In München in duplo.)

154 **Confessions (Les) d'une Courtisane** devenue philosophe. A Londres 1784. 12.
<small>Réimpression: Bruxelles 1883. 12. (2 Mk. Ackermann.)</small>

155 **Constitution (La) de l'Hôtel-du-Roule.** Avec la fameuse Messaline. A Condom, l'an des C ... 100007. 8. Fort rare.

156 **Contes mis en vers.** par un petit cousin de Rabelais (i. e. D'Aquin de Chateau-Lyon). A Londres et à Paris 1775. 8.
<small>Titre gr., orné d'un joli fleuron, et belle fig. p. Eisen, gr. p. de Launay. (60 à 70 fr. Cohen.)</small>

157 **Contes traduits de l'Anglois** (tirés du journal „The Adventurer"). Maestricht, Dufour, 1774. 8.

Contes — Coupecu. 19

The adventurer. (Ed. by J. Hawkesworth, geb. 1719, † 1773, and Th. Warton, geb. 1728, † 1790.) 4 vols. London 1797 (u. früher.). 8. Auszugsweise auch deutsch: Der Abenteurer, ein Auszug aus d. Engl. von Joh. Joach. Chp. Bode. 2 Bde. Berlin, Himburg, 1776. 8. II. (Ldpr. 1½ Rthlr)

158 **Contes immoraux.** A Londres 1802. 8.
159 **Contes nouveaux à rire,** et Avantures plaisantes, ou Récréations françoises. 20. édition. Enrichie de figg. en tailledouce (de Romain de Hooghe). 2 tom. A Cologne, chez Roger Bontemps, 1722. 8. (8 Mk. Scheible; 12½ Mk. Kirchhoff & Wigand.)
Ed. I. Amsterd., Georges Gallet, 1699. 12. Avec front. gr. et figg. à mipage. (45 fr. Porquet en 1884, bel expl.)
160 **Contes saugrenus.** A Bassora 1789. Gr. in 8. (5 à 10 Mk. Scheible.)
Contes assez spirituels, mais licencieux. — Rare et recherché.
161 **Contes théologiques** suivis des Litanies des Catholiques du 18ème siècle, et de Poésies érotico-philosophiques; ou recueil presque édifiant. A Paris, imprimerie de la Sorbonne, et se vend aux Chartreux, chez le Portier, 1783. 8. Fort rare. (20 Mk. Scheible.)
162 **Coquette punie (La),** ou le triomphe de l'innocence sur la perfidie. 2 vols. A La Haye 1747. 12.
Frühere Ausg.: La Haye 1740. 16. (In Aarau, Cantonsbibl.) Spätere Ausg. Ibid. 1749. 12. (In Stralsund.)
163 **Correspondance de Mme. Gourdan, dite la Comtesse.** Avec un recueil de chansons à l'usage des soupeurs de chez Mad. Gourdan. A Londres 1784. 12. (8 Mk. Ackermann.)
164 **Coup d'oeil Anglois sur les cérémonies du mariage,** avec des notes et des observations historiques et critiques pour et contre les Dames, auxquelles on a joint les aventures de M. Harry et de ses sept femmes. Ouvrage (supposé) traduit sur la 2de. édition de Londres par Mrs.*** (rédigé par Hurtaut). A Genève (Paris) 1750. 8. (In München in duplo; 1 Expl. auch in Aarau.) (5 Mk. Graff, Braunschw.)
165 **Coup de Patte (Le),** ou l'Antiminette. S. l. 1763. 8.
Coupecu (Le) de la Mélancholie ...., voir **Moyen (Le) de parvenir.**

2*

20 Courtisane — Dangers.

166 **Courtisane convertie** (La), ou l'âge d'or, à Bamboul, par un Talapoin. A Londres (Paris) 1782. 8. (6 Mk. Rosenthal.)
Bibliogr. de l'amour II. p 371.

167 **Crébillon fils** (Claude-Prosper-Jolyot de, 1707—77), Le Hazard du coin du feu. Dialogue moral. A La Haye 1763. Pet. in 12. (Auch in Stralsund.) (1 Rthlr. Maske.)
Nouv éd. Constantinople 1783. Pet. in 12. (Vente Manderström II. no 1099.) Réimpression parut vers 188*. (3 fr. Gust. Grimm, Budapest.)

168 — Lettres Athéniennes, extraites du portefeuille d'Alcibiade. 2 vols. A Londres 1771. 8.
Ibid. 1772. 12. IV. (4½ Mk. Kirchhoff & Wigand.)

169 — La Nuit et le Moment, ou les Matines (!) de Cythère. Dialogue. A Londres 1755. 12. (1 fl. 30 xr. Ackermann.)
Autres éditions: Londres 1754. 12. Édit. orig. (2 fr. 50 c. Claudin.) Ibid. 1756. 16. (1 Rthlr. Scheible.) Nouv. éd. Londres et Amsterd. 1758. Pet. in 12. Avec 5 jolies figg. n. s. (1²/₃ Rthlr. Maske.) Ibid. 1776. 12. Avec 6 figg. libres. (8 Mk. Scheible.) Ibid. 1781. 16. (1 Rthlr. Scheible; 6 fl. östr. Gilhofer u. Ranschburg.) Réimpr. à Bruxelles 1869. 8. (2½ Mk. Scheible); ibid. 188*? (5 fr. G. Grimm, Budapest.)
Die 3 letzten Werke auch in den verschiedenen Ausgaben der „Collection complette des Oeuvres de M. de Crébillon le fils." Londres 1777—79. 12. XIV. Wegen der deutschen Uebersetzungen der andern Crébillon'schen Romane s. Hayn, Bibl. germ. erot., p. 53—54, 175, 402.

170 **Curieux impertinent** (Le). Traduit de l'Espagnol en François par Nic. Baudovin. A Paris 1602. 12. Fort rare.

171 **Daillhière** (Le Sieur de la), Les entretiens curieux de Tartuffe et de Rabelais sur les femmes. A Middelbourg 1688. 12. Rariss.

172 **Dames galantes** (Les), ou la Confidence réciproque. Nouvelle. 2 pts. A Amsterdam 1737. 12. (Th. 1 auch in Stralsund.)

173 **Dames** (Les) **dans leur naturel**, ou la Galanterie sans façon. Sous le règne du Grand Alcandre (c'est-à-dire Louis XIV). (Composé par Gatien Courtilz de Sandras, né en 1644, † en 1712.) A Cologne, chez Pierre Marteau, 1686. 12.

174 **Dance Madame Birchini's.** A modern Tale. The ninth edition. London, s. a. 8.

175 **Dangers** (Les) **de la coquetterie.** (Roman décent par Marie-Armande-Jeanne Dufour.) 2 vols. Paris, Buisson, 1788. 12.

176 **Debay**, Auguste (né vers 1802), Laïs de Corinthe (d' après un manuscrit grec) et Ninon de Lenclos. Biographie anecdotique de ces deux femmes célèbres. Paris, Dentu, 1855. 8.
177 **Dégoûts du plaisir** (Les): Frivolité; par M. de la B***. A Lampsaque (Hollande) 1752. 8. (6 Rthlr. Scheible.)
<small>Autre éd. ibid. 1755. 8. (In Stralsund), Petit ouvrage, plus que frivole, dédié à Mlle. Auguste, danseuse de l'opéra.</small>
178 **Délassements du boudoir** (Les). Recueil de poésies galantes, dont la plupart n'ont point encore été imprimées. S. l. 1790. 16. Front. gr. n. s., dans le genre de Chaillou. (20 à 30 fr. Cohen.)
179 **Delius**, Matthaeus (geb. 1523 zu Hamburg, stud. in Wittenberg Theologie, † im 21. Lebensjahre, d. 12. Aug. 1544), De arte jocendi libri quatuor scripti carmine. C. praefatione Phil. Melanthonis (!). Witebergae, ex officina typogr. Viti Creutzer. 1555. 12. (In München in triplo.) (9 Mk. Alb. Cohn, Berlin.)
180 — Idem opus. Francof. 1578. 8.
<small>Brunet II. 578.</small>
181 **Democritus ridens**. Sive campus recreationum honestarum. C. exorcismo melancholiae. Amstelod. 1649. 16. (1½ Mk. Beck, Nördl.; 3 Mk. 10 Pf. Rosenthal.)
182 — Idem opus. Coloniae 1649. 12. (In München in duplo.)
183 — Idem opus. Amst. 1655. 12. (In München in duplo.)
184 — Idem opus. Gedani 1689. 12.
185 — Idem opus. Ibid. 1701. 12. (3 Mk. 10 Pf. Rosenthal.)
186 — Idem opus. Aug. Vindel. 1754. 12. 212 pp. (In München in duplo.) (3 Mk. 10 Pf. Rosenthal.)
<small>Ed. nova. Pressb. 1770. 12. 212 pp. (2 Mk. Kühl, Berlin.)</small>
187 **Democritus junior** (Robert Burton), The Anatomy of Melancholy, what it is, with all the kinds, causes, symptoms, prognostics and several cures of it. In three partitions. By Democritus Junior, with a satirical preface, conducting to the following discourses. Oxford 1651. Fol.
<small>Very scarce. — Lowndes: „A work once almost forgotten, but which owed its revival to the inordinate praise of Dr. Johnson, who observed that it was the only book that ever took him out of bed two hours sooner than the wished to rise. From this storehouse of learning intermingled with quaint obser-</small>

vations and witty illustrations, many modern writers have drawn amply, without acknowledgement, particularly Sterne, who has in the most barefaced manner copied the best of this pathetic, as well as humorous passages." — Ibid. 1849. Gr. 8. (7½ fl. Eisenstein, Wien.) New edition, corrected and enriched by translations of the numerous classical extracts by Democritus minor. To which is prefixed an account of the author. With frontisp. and 1 engraving. New York 1850. 8. (10 Mk. Scheible.)

188 **Democritus junior:** The same book. A new edition, corrected and enriched .... By Democritus minor. London, Will. Tegg, 1857. 8.

189 **Description de l'Isle des Hermaphrodites,** nouvellement découverte etc., pour servir de supplément au journal de Henri III (attrib. à Arth. Thomas, sieur d'Embry, ou au cardinal Duperron). A Cologne, chez les héritiers de Herman Demen (Bruxelles), 1724. Pet. in 8. Avec 1 fig. (3 Rthlr. vente Sobolewski no. 890.)
Cfr. vente Manderström II. no. 816.

190 **Des Periers,** Bonaventure (né vers la fin du XV. siècle, † vers 1544), Les nouvelles récréations. A Lyon 1558. 4.
Ed. princeps rariss. hujus libri obscoeni. Cfr. Voetius, diss. theol. I. p. 200.

191 — Même ouvrage sous le titre: Les novelles récréations et joyeux devis. Reueues, corrigées et augmentées de nouueau. A Rouen 1615. 12.
Éd. antér.: Rouen. impr. de Raphaël du Petit Val, 1615. 12. In den Rostocker gelehrten Nachrichten 1754 heisst es S. 523, dass dieses Opus aus lauter possenhaften, grossentheils geilen u. ärgerlichen Erzählungen bestehe n. aus allerhand Sündengräueln nur Narrentheidungen (!) mache. (Trinius, J. A., Freydenker-Lexicon. Lpz. u. Berub. 1759. 8. S. 20.) — Nouv. éd. ib. 1706. 12. 19 Bog.

192 — Même ouvrage, titulo: Contes et nouvelles, et joyeux devis. 2 tom. A Cologne, chez Gaillard, 1711. 12.

193 — Le même. 3 tom. A Amsterdam 1735. Pet. in 8.

194 — Cymbalum mundi, ou dialogues satyriques sur différents sujets. Avec une lettre critique, dans laquelle on fait l'histoire, l'analyse et l'apologie de cet ouvrage. Par Prosper Marchand, libraire. Nouv. édit. A Amsterdam, chez Marchand, 1711. 12. (Auch in Nürnberg, Stadtbibl., ex bibl. Solger. III. p. 444.)
Livre saisi, condamné et brûlé, puis recherché à cause de sa rareté. Vogt p. 229 ff.

195 **Des Periers,** Le même. Ibid. 1732. Pet. in 8. Avec gravures sans nom du graveur (fleuron n. s., front. p. B. Picart, gr. p. Bakker, et 4 figg. sign. B. P. (-Bernard Picart). (Auch in Marburg, Univ.-Bibl.) (8 à 10 fr. Cohen.)
<small>Nouv. éd. revue. Amsterd. 1753. Pet. in 8. (In Nürnberg, Stadtbibl.) Avec. front., 1 vign. et 4 figg., grav. par B. Picart. (2 Kthlr. Asher; 8 Mk. Scheible.)
Des Periers, B., Les contes ou les nouvelles récréations et joyeux devis. Avec notes etc. par Nodier. — Le Cymbalum mundi et autres oeuvres, publ. par Paul Lacroix. 2 vols. Paris 1841. 8. (1 Rthlr. vente Sobolewski no. 891.)</small>

196 **Des Portes** (Desportes), Phil. (né en 1545, † le 5 octobre 1606), Les premières oeuvres. A Annecy 1576. 8. Fort rare.
<small>Les mêmes. Au Roy de France et de Polongne (!). Reveuës, corrigées et augmentées en ceste (!) dernière impression. Lyou, Héritiers de François Didier, à l'enseigne du Fénix, s. d, (157*). 12. (15 fl.. expl. un peu fatig., F. Rohracher, Lienz [Tirol]). Paris, Mamert Patisson, 1600. 8. „Éd. la plus recherchée." (Porquet.) Les mêmes: Reueues, corrigées et augmentées pour la 4. impression. Paris, Rob. le Mangnier, 1577. 12. (25 Mk., expl. un peu taché d'eau, Kirchhoff u. Wigand.)</small>

197 — Les mêmes. A Rouen 1600. 12.
198 — Les mêmes. Ibid. 1607. 12.
<small>Rep. ibid. 1611. 12. (12½ Mk. Kirchhoff & Wigand.)</small>

199 — Oeuvres. A Anvers 1596. 12. (5 Mk., expl. fatig., Lehmann & Lutz, Frkft. a. M.)
<small>Cont. e. a.: Les amours de Diane; les amours d'Hippolyte; Cléonice; élégies; imitations de l'Arioste; bergeries et masquerades; épitaphes etc.</small>

200 — Oeuvres, avec une introduction et des notes par Alfred Michiels. Paris, Ad. Delahays, 1858. 8.
<small>XCII- 536 pp. (Bibl. gauloise.)</small>

201 — Oeuvres choisies de Phil. Desportes, (Franç.) Bertaut (né en 1621, † après l'an 1700) et (Mathurin) Regnier (né en 1573, † en 1613), précédées de notices historiques et critiques sur ces poètes, et suivies d'un vocabulaire, par M. Pellissier. Édition steréotype. Paris, Firmin Didot, 1822. 8, de 319 pp.

202 **Devay,** Francis, Du danger des mariages consanguins sous le rapport sanitaire. 2<u>ème</u> édit. refondue et augmentée. Paris, V. Masson et fils, 1862. 8.
<small>XX- 240 pp.</small>

24 Dévirgiuieurs — Dreux du Radier.

203 **Dévirgineurs** (Les), et Combabus. Contes en vers, suivis de Floricourt, histoire françoise (par Claude- Jos. Dorat). A Amsterdam 1765. 8. (Auch in Stralsund.) Avec 2 figg. p. Eisen, gr. p. de Longueil, d'une grande beauté. (12 à 15 fr. Cohen:)
Ce volume a paru dans la même année sons le titre: Les Trois Frères et Combabus. contes en vers, précédés par des réflexions, etc. A Amsterdam 1765. 8. Avec les mêmes planches. (5 à 6 fr. Cohen.)
Dictionnaire d'Amour, voir **Dreux du Radier,** J.-F.

204 **Dissertationum ludicrarum et amoenitatum Scriptores varii** (ed. Conr. Rittershusius, geb. 25. Sept. 1560 zu Braunschweig. † 26. Mai 1613 als Prof. in Altdorf). Lugd. Batav., Heger et Hack, 1638. 16. (1⅓ Rthlr. Richter & Harrassowitz, Lpz.; 4 fl. 48 kr. Rosenthal; 4½ Mk. Beck, Nördlingen.)
Wird zu den Elzevierdrucken gerechnet. — Enth. u. a. Calcagninus, Caelius, (Canon. in Ferrara, † das 1540). encomium Pulicis (im J. 1519 zu Budapest von C. während einer Krankheit verfasst): Majoragius, M. Ant., encomium Luti; Heinsius, Dan. (1580—1665), laus Pediculi etc. — Ed. nova et aucta. Lugd-Bat., Franc. Heger, 1644. 16. 4 Bll. v. 666 S. (6 fl. Rosenthal; 1½ Rthlr. Maske, Breslau; 4½ Mk. Beck.) — Rep. tit.: Admiranda rerum admirabilium encomia, sive diserta et amoena Pallas, disserens seria sub ludicra specie, hoc est. dissertationum ludicrarum, nec non amoenitatum Scriptores varii. Noviomagi Batavor. Typis Reineri Smetii. 1676. 16. 6 Bll. u. 660 S. Mit 8 (unsign.) Kpfrn. (10 fr., ohne Kpf., Clandin.) Näheres über die Drucke von 1644 u. 1676 s. in Hayn's, H., Thesaurus libror. Phil. Pfister, p. 383 no. 3801—2. Erste Ausg. ist vielleicht: Argumentorum ludicrorum et amoenitatum Scriptores varii. Lugd. Bat. 1622. (5 Mk. Kirchhoff & Wigand; 4½ Mk. Ackermann.)

205 **Divinités Génératrices** (Des), ou du Culte du Phallus chez les Anciens et les Modernes. par J. A. D******. A Paris 1805. 8.

206 **Dorat** (Claude-Jos., né à Paris le 31 déc. 1734, † le 29 avril 1780), La Muse libertine ou Oeuvres posthumes. S. l. 1783. 8. (5 fr. Bukowski, Stockh.)

207 **Dreux du Radier** (Jean-Franç. 1714—80), Dictionnaire d'Amour, dans lequel on trouvera l'explication des termes les plus usités dans cette langue. Par M. de***. A la Haye (Paris) 1741. 8. (2½ fl. Gilhofer & Ranschburg, Wien.)
VIII- 236 pp.

208 **Dreux du Radier,** Le même. 2 tom. Paris 1788. 8.
209 — Mémoires historiques, critiques, et anecdotes des reines et régentes de France. 6 tom. Paris, frères Mame, 1808. 8.
210 **Droit de Jambage** (Le). ou le Droit des anciens Seigneurs, sur les nouvelles mariées; traduction libre de l'Italien de Giulio Colombo.... A Paris et à Nantes 1790. 8. (8 Mk. Scheible.)
   Rare et curieux.
211 **Drudo,** Hilarius, Equitis Franci et adolescentulae mulieris Italae Practica artis amandi, insigni et jucundissima historia ostensa; et alia quaedam huic materiae non inconvenientia ex variis auctoribus. Ursellis 1606. 12.
   Gesuchtes Eroticum; zuerst gedr. ibid. 1600. 12. 495 S. Cfr. Jahn's Bibl. p 471. (2 fl. 24 kr. Ackermann; 4 Mk. Köhler.) Rep. Amstelod., Georg. Trigg. 1651. 12. (In Stralsund.) (2 fl. 48 kr. Beck; 3 fl. Ackermann.) Ibid. 1652. 12. (3 Mk. Kirchhoff & Wigand.)
212 **Dubois,** G , Cardinal (1656—1723). — Vie privée du Cardinal du Bois. A Londres 1789. 8.
213 **Dufour,** Pierre (i. e. Paul Lacroix), Histoire de la prostitution chez tous les peuples du monde, depuis l'antiquité la plus reculée jusqu'à nos jours. 5 tom. (tome 6 manque). Avec des gravures s. acier. A Paris, Jeré, 1851—53. 8. (30 Mk. cplt, Scheible).
   Éd. orig.. épuisée. Contrefaçon a paru à Bruxelles 1854. 8. 6 tom. avec 20 planches (belles grav. s. acier., exécutées par les artistes les plus éminents. (20 Mk. Ackermann); rep. Paris 1861. 8. VIII. Avec 20 pls. (30 Mk. Scheible.)
214 **Eckius,** Joh. (eigentl. Joh. Mayer, Sohn eines Bauern aus Eck im Algäu, geb. 13. Novbr. 1486, 4 Mal Rector d. Univ. Ingolstadt. † das. 10. Febr. 1543, der bekannte Gegner der Reformation). — Threni Magistri nostri Joannis Eckii, in obitu Margaretae, Concubinae suae, omnium quae fuerunt, quaeque postfuturae sunt, fidelissimae. Quae obiit Mens. Aug. A. 1538. S. l. 8.
   Ungemein rares Schmähgedicht, welches dem Simon Lemnius (s. d.) zugeschrieben wird.
215 **École** (L') **pour rire,** ou la manière d'apprendre le françois en riant, par le moyen de certaines histoires choisies, plai-

26 École — Erotopægnion.

santes et récréatives. Leyden, chez Théodore Hauk, 1688. 12. 72 pp.
216 **École (L') de le Volupté.** A Genève 1783. 12.
217 — Même ouvrage. Ibid. 1785. 12. (24 Sgr. Scheible.)
218 **Égaremens (Les) de Julie** (par J.-A.-R. Perrin). 3 pts. A Londres 1762. 8.
Roman peu commun, condamné en 1828, comme outrageant les moeurs. — Ed. l.: Amst. et Paris, chez Hochereau, 1755. 12. III. Avec des gravures obscènes. (6 Rthlr. Scheible.) Rep. ib. 1765. 8. Sans grav. (4 Rthlr. Scheible.) Londres 1782. 18. II. (In Stuttgart.)
219 **Éloge (L') des Tetons,** ouvrage curieux, galant et badin, composé pour les divertissements des Dames, avec plusieurs pièces amusantes par***** (Estienne Roger). 2. édit. A Cologne 1759. 8. (Auch in Breslau, Stadtbibl.) (2½ Mk. R. Levi, Stuttg.)
144 pp. (y compris la dédicace à Mme. la Comtesse de C., souscrite: M. D. N.). Cont.: 1. Préface. 2. Des tetons, de leur pouvoir et de leurs charmes. 2. Des beaux tetons. 4. S'il est de la bienséance que les Dames laissent voir leurs tetons, et s'il est permis aux amans de les patiner. 5. Des laids tetons. — A la fin (p. 81 sq.): Recueil de pièces fugitives (en vers). Ed. 1. parut à Amst. 1720. (Voir ci-dessous: Les Tetons.) Contrefaçon: Francf. s. le Mein 1746. 8. (In Stuttgart.)
220 — Même ouvrage. Cologne 1764. 8.
221 **Encyclopédie (L') Perrucquière,** ouvrage curieux à l'usage de toutes sortes de têtes, enrichi de (10) figg. (pliées) en taille-douce (n. sign., représentant 45 portr. en charge des personnes du temps, avec des coiffures différentes). Par M. Beaumont (i. e. Jean-Henri Marchand), coeffeur (!) dans les Quinze-Vingts. A Paris 1762. 8.
Facétie satirique assez rare, par l'auteur de la fameuse tragédie „Le Tremblement de terre de Lisbonne". Ed. I: Amsterdam et Paris, chez l'auteur et Hochereau. 1757. 12. (De 30 à 40 fr. Cohen. p. 371.)
222 **Épuipées (Les) de l'amour,** ou les Avantures d'Abar-Jucdoc, histoire très-morale et de tous les temps. A Constantinople et à Paris 1783. 8.
223 **Erotopægnion,** sive Priapeia veterum et recentiorum. Veneri jocosæ sacrum. (Ed. Fr. Noël, inspecteur de l'Université Parisienne). Avec 2 figg. libres (qui manquent souvent). Lutetiæ Parisior., C. F. Patris, anno Reipubl. VI (1798). 12. (Auch in Marburg, Univbibl.)

224 **Érotopsie,** ou Coup d'oeil sur la poésie érotique. A Paris 1802. 8.
Cohen p. 186: Sans les figg., 12 à 15 fr., avec, 20 à 25 fr.; 4 fl. Ackermann; 15 fr. Bukowski; 50 fr., bel expl. en grand pap., Porquet.

225 **Espion** (L') **Anglois** (et l'observateur Auglois), ou correspondence secrète entre Milord All'Eye et Milord All' Ear (par Matthieu-Franç. Mairobert de Pidansat, né le 20 févr. 1707, † le 27 mars 1779, et un anonyme). 10 vols. A Londres, chez John Adamson, 1779 sq. Pet. in 8. (Tomes 8—10 manquent à Munich.)
48 Mk. Scheible, Cat. 161, no. 2112: 10 vols. (cplt.) 1777—85; les mêmes. d.-rel., 35 fr. Porquet, en 1884; 10 vols. (cplt.) 1784—86, in 12., cite le cat. de la vente Manderström II. no. 911.
Recueil de pièces satiriques et libres, dont les exemplaires complets sont très-rares. Contient e. a.: Oraison funèbre de Mme. Justine et la description de la maison Gourdan. — Une femme de condition arrêtée chez la Gourdan. — Maladie singulière d'un curé. — Dialogue au sujet des filles les plus célèbres de la capitale (actrices, courtisanes en titre, etc.). — Eloge de Mme. la Dauphine (Marie Antoinette). — Détails sur l'anecdote de Lyon. — Vie et mort de Fréron. — Sur un libre intitulé : La F .... manie (voir ci-dessous) etc.
Cet ouvrage, d'abord publié en 1777—78, en 4 vols., sous le titre de „l'Observateur anglois", est attribué à Pidansat de Mairobert, le continuateur de Bachaumont. Il y eut du moins la principale partie. — On sait que ce publiciste voluptueux qui était censeur royal se voyant convaincu de fournir des pamphlets à la presse angloise, se tua dans son bain, le 27 mars 1779. S'il est donc certain qu'il n'eut pas de part à la réimpression de cet ouvrage sous le titre de „l'Espion" faite en 1784: il se peut fort bien qu' une partie des augmentations et passages nouveaux parviennent de ses papiers. Il n'est point tout à fait exacte en effet, que les 6 derniers volumes de ce recueil soient composés ainsi que l'avance M. Hattin, uniquement d'extraits des Mémoires secrets. (Voir bibliogr. de l'amour.)

226 — **Supplément à l'Espion Anglois,** ou lettres intéressantes sur la retraite de J(acques) Necker. A Londres 1782. 8. Rare.

227 **Espion** (L') **Chinois,** ou l'envoyé secret de la cour de Pékin, pour examiner l'état présent de l'Europe. Trad. du Chinois. (Composé par le Chevalier Ange Goudar.) 6 vols. A Cologne 1765. 8. (3 Mk. Völcker).

228 **Espion** (L') **civil** et politique .... par Mr. D. V***. A Londres 1744. 8.

229 **Essai** d'une démoustration de l'Apocatastase. A Lampsaque 1757. 8.

230 **Essai** de dissertation .... sur le mariage. A Paris 1760. 8.
231 **Étourdi** (L'). 2 pts. A Lampsaque 1784. 8.
232 **Etrennes anacréontiques** aux Grâces. Par M. T. R. A Tempé et à Paris 1776. 12.
233 **Étrennes lyriques** .... pour l'année 1781. A Paris 1781. 8.
234 **Étrennes du Parnasse** .... 2 tom. Venise 1770. 8.
235 **Etrennes du Parnasse.** Choix de Poésies. A Paris 1776. 8.
236 **Étrennes voluptueuses**, dédiées aux Grâces par Mme. L. M. D. P. A Londres, s. d. 8.
237 **Eulalie,** ou les dernières volontés de l'amour. Anecdote récente. Publiée par Mme. de V***, qui en est l'héroïne. A Londres et à Paris 1777. 8.
238 **Eunuque** (L'), ou la fidelle infidélité, parade en vaudeville, mêlée de prose et de vers, par M***** (Ch.-F. Ragot, dit Granval fils). A Montmartre 1750. 8. (7 à 8 fr. Cohen; 3 Mk. Scheible.)
Pièce libre avec 1 joli titre-front., contenant 5 scènes de la parade, 1 vign. non sign., et 20 pp. de musique. Rep. ib. 1755. 8. Berg-op. Zoom (réimpr.), s. d. 12. (Tirage à 104 expls.)
239 **Eunuques.** — Traité des Eunuques, dans lequel on explique les différentes sortes d'Eunuques, quel raug ils ont tenu et quel cas on en a fait .... Par M*** D(ollincan), (i e. Charles d'Ancillon, né en 1659, † en 1715). S. l. 1707. 12.
240 **Facetiæ Facetiarum**, hoc est Joco-Seriorum fasciculus novus, exhibens variorum authorum (!) scripta, non tam lectu jucunda et jocosa, amoena et amanda, quam lectu vere digna et utilia, multisve moralibus ad mores seculi nostri accommodata .... Pathopoli, apud Gelastinum Severum (Amstelod.), 1657. 12. (Kupfertitel.)
Seiner Zeit beliebte Sammlung satyr., maccaron. u. pikanter Jocosa, deren holländ. Drucke zur Elzevier-Collection gerechnet werden. Darin u. a.: De arte jocandi; Floia cortum versicale; de peditu ejusque speciebus; bonus mulier, sive de mulieribus; de osculis; de virginibus; de hanreitate; de Cornelio; de lustitudine studentica, etc. etc. (1¼ Rthlr. Weigel, Lpz.; 2 Rthlr. Lippert, Halle; 10 fr. Claudin; 14 fr. Nodier; 6 Mk. Rosenthal.)

Frühere u. spätere Ausg.: Francof. 1615. (1625?). 12. (2 fl. 24 kr. Ackermann; 3 fl. Beck; 3 sh. 6 p. Hibbert.) Pathop. 1640. 12. (Weller, E., Annalen, II. p. 306.) Ibid. 1644. 12. (l.c.) Francof 1645. 12. (Expl. in Stuttgart.) 452 S. (5 Mk. Bielefeld, Carlsr.; 5 Mk. Völcker.) Pathop. 1647. 12. (8 Mk., schön. Ex., O. Richter, Lpz.) Lugd. Bat. 1655. 12. — Amst. ap. Alenandum (sic) Liebhardum. Nimegen, verlegts Andr. Luppe. 12. (Mich. Mess-Verz. 1681, F1b.) Pathop. 1695. 12. (Weller, l. c.) Ibid. 1715. 12. (l.c.)
In den ersten Ausgaben fehlt ein satyr. Gespräch „Hans Pumbsack", in niederdeutschem Dialekt, über die Missbräuche der Gelehrsamkeit, zwischen Hans Pumbsack und einem Philomusus. (Probe in Lessing's Kollektaneen I. p. 188 - 89.)
Eine andere Sammlung ist vielleicht: Fasciculus novus facetiarum .... S. 1. 1627. 4. (Bibl. J. A. Fabricii, II. p. 487.)

Félicia, voir **Nerciat**, Andréa de.

241 **Félix**, ou le jeune amant. A Paris 1803. 8.

242 **Féradin et Rozéide**. Conte moral, politique et militaire. 3 pts. (partie 3 manque à Munich). A Gaznah, chez Fidèle, imprimeur ordinaire de la Cour; l'an 1167 de l'Hégire, et de l'Ère chrétienne 1765. 8.

243 **Ferrand, Mr.**, Pièçes libres, et Poésies de quelques autres Auteurs sur divers sujets. A Londres (Liège) 1760. 8.
Éd. antér.: Ibid. 1738. 12. (8 fr. Claudin.)

244 **Flitch of Bacon** (The), a comic Opera in two acts. London 1780. 8.

245 **Fournel** (Jean-Franç., französ. Rechtsgelehrter, 1745-1820), Traité de l'adultère, considéré dans l'ordre judiciaire. A Paris, chez Jean-Franç. Bastien, 1778. 12.
Le même auteur écrivit: Traité de la séduction, considéré dans l'ordre judiciaire. Ibid. 1781. 8. (5 Mk. Ackermann.)

246 **Foutro-Manie** (La), poème lubrique en 6 chants (par G. Sénac de Meilhan). A Sardanapolis, aux dépens des amateurs, 1783. 8.
Cohen p. 550: Ibid. 1780. Avec 7 figg. non sign. (De 40 à 50 fr.)

247 — Le même, suivi du Temple de l'Amour. Nouv. édit. revue, corrigée, augmentée, enrichie de (7) gravures (libres) des meilleurs maîtres (en partie dess. et gr. par Martinet), dédié au beau sexe de Paris. A Londres, aux dépens de la Chambre des Pairs, 1791. 8. (40 à 50 fr. Cohen.)

Frères (Les Trois), et Comlabus, voir **Dévirgineura** (Les), et Combabus.

248 **Frischlinus**, Nicodem. (geb. 22. Sept. 1547 zu Balingen, † in

der Nacht vom 29.—30. Nov. 1590, bei einem Fluchtversuch von Hohenurach), Facetiae selectiores. Argent. 1600. 8.
249 **Frischlinus**, Nicod.. Idem opus. Acc. Henr. Bebelii facetiarum libri III. Argent. 1603. 8.
250 — Idem. Ibid. 1605. 8.
251 — Idem. Ibid. 1625. 8.
252 — Idem. Amstelod. 1660. 12. (Auch in Stralsund.)
253 — Nicodemi Frischlini Balingensis facetiae selectiores: quibus.... accesserunt Henrici Bebelii, p. l., facetiarum libri III. Sales item, seu facetiae ex Poggii (s. d.) Florentini oratoris libro selectae. Nec non Alphonsi regis Arragonum, et Adelphi (Mulich od. Muling, aus Strassburg, † um 1525) facetiae.... Lipsiae 1602. 8.
Frühere Ausg.: Ibid. 1600 (s. typ. nota). 8. Tit. u. 286 S. (In Marburg, Univbibl.)
254 **Frivolités galantes** (Les). A la Haye 1758. 8.
255 **Fromaget**, Nic., Contes. — Le cousin de Mahomet, publ. par O. Uzanne. A Paris 1882. 8.
Wegen der deutschen Uebersetzung der zweiten Pieçe s. Hayn, Bibl. erot, 2. A., S. 332.
256 **Fvtilitates germanicæ medii ævi** ad fidem codicvm manv script. nvnc primvm editæ. S. l. 1864. 8. 16 pp.
Derbe mittelalterliche Scherze.
257 **Galanterie d'une Religieuse**, mariée à Dublin. A Cologne, chez les héritiers de Pierre Marteau (Holl.). 1758. 12. (Auch in Stralsund u. Stuttgart.)
Ed. 1. ibid. 1696. 16. (1½ Rthlr. Scheible.) Rep. ib. 1704—5. 16. II. Avec frontisp.
258 **Galanteries** (Les) **angloises**; nouvelles historiques par le Chevalier R. C. D. S. A la Haye 1700. 12. (4 Mk. Kirchhoff & Wigand.)
259 **Galanteries** (Les) **de la cour de France sous Louis le Grand.** S. l. ni d. (vers 1700?). 8.
260 **Galanteries** (Les) **amoureuses de la cour de Grèce**, ou les amours de Pindare et de Corine (!). (2 tom. en 1 vol.) Suivant la copie impr. à Paris, 1693 (à la sphère). 12. (6½ Mk. Rosenthal.)
Bibl. de l'amour III. p. 393.

261 **Gamerra**, Giov. de (Toscano), La Corneide. Poema eroicomico. 7 tomi. S. 1. (Livorno) 1781. 8.
Ouvrage curieux, traitant les tromperies des femmes depuis Adam jusqu'à nos jours. — Le même, col ritratto e frontisp. incis. da P. Lapi. Livorno 1787. 8. VIII. (18 Mk. Scheible.)

262 **Gazetier cuirassé** (Le), ou Anecdotes scandaleuses de la Cour de France, etc. (par Charles Thévenot de Morande, 1748—92). Imprimé à cent lieux de la Bastille, à l'enseigne de la Liberté (Loudres) 1771. Pet. in 8. (5 Mk. Völcker, Frankf. a. M.; 18 Mk. Derselbe: bel expl., d.-rel., 3 pts. en 1 vol.)
On y trouve les détails curieux sur les actrices et acteurs du temps. (Bibl. de l'amour III. p. 408.)

263 — Même ouvrage. S. 1. 1772. Pet. in 8. Front. gr. (6 Mk. Scheible; 7 Mk. Beck.)

264 — Même ouvrage. S. 1. 1777. Pet. in 8.
Cohen p. 576 : S. l. 1785. Pet. in 8. (ou in 12). 1 front. gr. et 1 plan de la Bastille. (De 25 à 30, et de 10 à 12 fr.)

265 **Goclenius**, Rodolph. (Arzt, Chiromant, Prof. d. Philos. zu Marburg, geb. 1. März 1547 zu Corbach im Waldeck'schen, † 8. Juni 1628 zu Marburg), De luxu convivali nostri saeculi . . . . oratio. Lichae 1604. 8. (3 Mk. Rosenthal.)

266 — Idem opus. Marpurgi 1607. 8.

267 — Physica commentatio de risu et lacrymis. S. 1. et a. 8.
Von demselben Verf. fehlt u. a. in München: Physiologia crepitvs ventris et risvs recognita, explanata et iterata. C. ritu depositionis scholasticæ. Francof., ex offic. Palthenians. 1607. 12. 175 pp. (1½ Mk. Lehmann & Lutz, Frkft. a. M.; 5 Mk. Völcker, ebd.)

268 **Gonet**, Gabr. de, Tableau de la littérature frivole en France. A Paris, s. d. (1884?). Fol.
Épuisé et recherché.

269 **Goupillon** (Le). S. 1. 1761. 4.

270 **Grecques** (Les) **belles**, ou l'histoire des plus fameuses Courtisannes de la Grèce. Avec figg. A Amsterdam 1715. 12.

271 **Grelot** (Le), ou les etc. etc. Ouvrage dédié à moi (par Paul Baret). 2 pts. Ici, à présent (Hollande, 1754 ou 1757). 12. (Auch in Stralsund.) (4 fl. Ackermann.)
Livre très-curieux. Nouv. éd.: Londres (Cazin) 1781. 12. (4 fl. Ackermann; 9 Mk. Scheible.)

272 **Gui Gui,** ou le Saucisson. Histoire Japonoise. A Kanton
(Allemagne) 1752 (?). 8.
Rep. ib. 1000 700 50 6. (1756.) 8. (Vente Manderström II. no. 198.)
273 **Gubertus,** Ant., Costanus (-Ant. Guibert), De sponsalibus
et matrimoniis commentarius . . . . . Lugduni 1578. 8.
(In München in duplo.)
274 — De sponsalibus, matrimoniis et dotibus commentarius.
Nunc primum in Germania excusus. Marpurgi, typis Pauli
Egenolphi. 1597. 8.
275 **Gynaeciorum,** sive de mulierum tum communibus tum gravidarum, parientium et puerperarum affectibus et morbis
libri Graecorum, Arabum, Latinorum veterum et recentiorum
quotquot exstant, opera et studio Israelis Spachii. C. figg.
Gandav. 1597. Fol. (S. 803 u. ff. fehlen dem Münchener
Expl.)
Gesucht u. selten! Andere Ausg.: Argent. 1597. Fol. 1080 S. Mit Holzschnitten. (12½ Mk. Auct. Davidson; 7½ fl. Brockhausen & Bräuer, Wien: expl. fatig; 25 Mk. Scheible.)
Von Spach ist noch in München: Nomenclator scriptorum medicorum. Francof. 1591. 8.
Nicht zu verwechseln mit obiger Sammlung ist: Gynaeciorum.... libri partim nunc primum ed. Casp. Wolphius. Basileae, per Thom. Guarinum. 1566. 4. 867 u. 63 S. (excl. Vorst. u. Reg.). Cfr. Choulant, Handbuch, S. 419. (20 Mk. Auct. Davidson no. 370: 12 Mk., beschäd. Expl., Scheible.)
276 **Haag u. Amsterdam.** — Het Leeven en Bedryf van de hedendaagsche Haagsche en Amsterdamsche Zalet-Juffers. Te tweede Druk, met koopere Platen. t'Amsterdam
1696. 12.
Höchst selten! Ed. I. c. 1690? — S. auch Amsterdam.
277 **Héliogabale,** ou esquisse morale de la dissolution romaine
sous les empereurs (par J. Chaussard). A Paris (sans
indication de l'impr.) 1802. Gr. in 8. (5 Mk. vente comte
de Bassenheim no. 4270; 7 Mk. Ackermann.)
14 et 438 pp. Avec frontisp. un peu libre.
278 **Hermaphrodite** (L'), ou lettre de Grandjean à Françoise
Lambert (par Ed.-Th. Simon). A Grenoble et à Paris
1765. 8.
279 **Hermaphrodites** (Les) à tous accords. S. l. ni d. (17**?). 8.
280 **Hipparchia,** histoire galante, traduite du Grec, divisée en
deux („trois" est faute d'impr.) pts. (compos. par l'Abbé

Jérôme Richard, ou par Godard de Beauchamps?).
A Lampsaque, l'an de ce monde (Paris 1748). Pet. in 8.
(Auch in Stralsund.) (12 Mk. Scheible; 15 fr. Bukowski;
15 à 20 fr. Cohen.)
152 pp. Avec une préface intéress. et 4 figg., dont 3 libres.
281 **Hipparchia.** Le même, titulo: Aihorappih (Hipparchia), histoire grecque. S. l. 1748. 12.
282 **Hirondelle** (L') **de Carême**, ou le pouvoir de l'amour. A Londres et à Paris 1771. 8.
283 **Histoire de Gouberdom** (-Dom Bougre), portier des Chartreux, écrite par lui-même (compos. par l'avocat Gervaise de la Touche, † 1782). 2 pts. Avec figg. libres. A Rome (Paris) 1784. 12.
Ce roman est aussi remarquable par sa hardiesse philosophique, sa composition ingénieuse, son style rapide et correcte, que par son obscénité.
Ed. antér.: A Rome, chez Philotanus, 1745. 12; à Francfort, chez J.-J. Trotener.... 1748. 12. 20 figg. (100 à 120 fr.); s. l. ni d. 8. 21 figg. (80 à 100 fr.); à Rome 1774. 12; ibid. 1776. 12. 21 figg. (50 fr. Bukowski); ibid. 1777. 8. (édit. sans grav.) (8½ Mk. Scheible.) Le même sous le titre: Mémoires de Saturnin, écrits par lui-même, nouv. éd., corr. et augm., avec (21 jolies) figg. (de Borel, gr. p. Elluin, n. sign.). (150 à 200 fr., Cohen p. 232.)
284 **Histoire de Marguerite, fille de Suzon**, nièce de D** B****** (Dom Bougre). Suivie de la Cauchoise. Avec figg. A Paris 1784. 12..
285 **Hylas et Phila**. A Memphis et à Paris 1780. 8.
286 **Imirce, ou la Fille de la Nature** (par l'Abbé Henri-Jos. Dulaurens, 1719—97). A Londres 1774. 12. (Auch in Berlin.) (2 Rthlr. Scheible.)
Ed. antér.: A Berlin, chez l'imprimeur du Philosophe de Sans-Souci, 1765. 8. (1⅓ Rthlr. Hartung, Lpz.; 12 Mk. L. St. Goar, Frkft. a. M.) Nouv. éd.: Londres 1775. 12. (Vente Manderström I. no. 221.); ibid. 1776. 12. (3 fl. 12 kr. Ackermann.) La fille de la nature, avec l'histoire de Babet et de Lucrèce, la momie de mon grand-père, et la légende du merveilleux Dressant. Paris 1837. 8. (⅔ Rthlr.)
287 **Indécence** (De l') **aux hommes d'accoucher les femmes**, et de l'obligation aux femmes de nourrir elles-mêmes leurs enfans (par Phil. Hecquet). A Trevoux et à Paris 1708. 12. (8 Mk. 10 Pf. Auct. Davidson no. 3141.)
Dissertation curieuse, datant de l'introduction dans le corps médical de la pratique des accouchements faits par les hommes; jusqu'à la fin du XVII. siècle, les femmes seules étaient admises à pratiquer cet art. — Rep. ib.

1744. 12. (In Marburg.) Réimpr. avec le nom de l'auteur: Bruxelles, s. d. (vers 1882). Pet. in 8. (4 Mk. Lehmann & Lutz; 5 fr. Gust. Grimm, Budapest.)
Une réfutation a paru sous le titre suivant: Dissertations sur la génération, sur la superfétation, et la réponse au livre intitulé: De l'indécence etc. (par Guill. Mauquest de La Motte). Paris 1718. 8. (In Marburg, Univbibl.) (7½ Mk. Auct. Davids. no. 3659.)

288 **Intrigues monastiques**, ou l'amour encapuchonné ... A La Haye 1739. 12.
— **Je suis pucelle**, voir Pucelle.

289 **Jésuites (Les) en belle humeur.** Avec figg. S. l. 1760. 12.
Le même ouvrage paraît d'être: Les Jésuites de la maison professe de Paris en belle humeur. A Lions, chez Jean Montos (Leide) 1760. Pet. in 8. 1 fig. (Vente Manderström I. no. 75.)

290 **Johannes Secundus** (Jean Second, i. c. Jean d'Everaerts, geb. 14. Nov. 1511 im Haag, † 24. Sept. 1536 zu Utrecht), Juvenilia. Lugd. Batav. 1757. 8.
Basia (voir ci-dessous), elegiae, epigrammata etc.

291 — Opera. Trajecti Batav. 1541. 8.
292 — —, nunc secundum in lucem edita. Parisiis 1561. 8.
293 — —, quae reperiri potuerunt. Accurate recognita ex Museo Petri Scriverii. Lugd. Batav. 1631. 12.
Ed. prior: Curante atque edente Petro Scriverio. Ibid. 1619 12.

294 — — Ibid. 1651. 12. (Ein Druck 1657 (?) 12. in Stralsund.)
295 — Opera. Parisiis 1748. 12. Mit Portr. u. 1 Kpfr. (2½ fl., schön. Ex., Eisenstein & Co., Wien.)
296 — Opera omnia, emendatius et c. notis ineditis Petri Burmanni Secundi denuo editâ curâ Petri Bosschae. 2 tomi. Lugd. Batav. 1821. 8.
297 — Sylvae de ambulaturis patefactae à Carolo Poppone Fröbel. Rudolphopoli 1822. 8.
— Lat. Gedichte in den Sammlungen: Amoenitates poeticae (voir ci-dessus) et P.-F. Tissot, vol. 2. (voir Poésies).
Wegen der in's Deutsche übersetzten „Basia" (Lugd. Batav. 1539. 4. [in München]; auch in: Quinque illustrium poetarum lusus in Venerem, p. 343 sq.) s. Hayn, Bibl. erot., 2. A., S. 137 u. 216.
Französ. Uebers.: Les baisers de Jean Second, traduction françoise, accomp. du texte latin. Par M. M*** C***. A Cythère et à Paris 1771. 8. (In München.) Englisch: Kisses. With the original latin text. Londini 1812. 8. (Goedeke, 2. A., 11. p. 121.) — Die Küsse des Johannes Secundus in drey Sprachen. (Lat.-Gall.-Germ.) In: Natürlichkeiten der sinnlichen u. empfindsamen Liebe (von Joh. Geo. Scheffner). Th. 4. O. O. 1798. 8. (In München.)

298 **Joujou (Le) des Desmoiselles.** (Poésies légères.) A Londres, chez Jean-Nicaise Le Plat, libraire françois (Liège) 1757. 8. (2 Mk. 60 Pf. Ackermann.)
<small>Ed. antér.: S. l. ni d. 8. Texte gravé, avec 54 vignettes par Eisen, gr. p. Lemire. (2½ Rthlr. Armbruster, Lpz., ca. 1852.) Nouv. édit. avec de nouvelles gravures (par les mêmes artistes). S. l. (Paris) 1752. Pet. in 4. (80 à 100 fr. Cohen p. 286.)</small>

299 **Joujou (Le) des Messieurs.** Pour leur servir d'heures de récréation après leurs grandes affaires. A Cithère 1800. 8.

300 **Journées Mogoles,** opuscule décent d'un Docteur chinois (comp. par Butel-Dumont). 2 pts. A Dély et se trouve à Paris chez Costard, 1772. 12.
<small>Nouv. édit.: Ibid., chez Dufour, 1773. 12. (Vente Manderström I. no. 247.)</small>
Juvenalis, Lutius Pisaeus, vide **Lemnius,** Sim.

301 **Kempe,** M. Mart. (geb. 5. Juni 1637 zu Königsberg i. Pr., 1677 vom Kaiser geadelt, † 10. Aug. 1682), Dissertatio historico-philologica gemina. Prior de Osculo in genere ejusque variis speciebus. Posterior de osculo Judae. Lipsiae 1665. 16. (3 Mk. 45 Pf. Rosenthal.)

302 **Kingston, Elisabeth Herzogin v.** (geb. 1726 [1720?] als Tochter des engl. Obersten Chudleigh, seit 1743 Kammerfräulein der Prinzessin von Wales, zuerst vermählt mit dem Flotten-Lieutenant Aug. John Hervey (nachmal. Lord Bristol), seit 8. März 1769 Dutchess of Kingston, † 1788), u. Marquise de la Touche. — Les Avantures trop-amoureuses, ou Elisabeth Chudleigh, Ex-Duchesse de la Kingston, aujourd'hui Comtesse de Bristol, et la Marquise de la Touche sur la scène du monde. A Londres, aux dépens des intéressez (Holl.) 1776. 8. (9 Mk. Rosenthal.)
<small>Bibliogr. de l'amour I. p. 357; Weller, fing. Druckorte II. p. 199; Hayn, Bibl. erot., 2.A., S. 397. — S. auch Münchener „Neueste Nachrichten", No. 140, vom 25. März 1888. (2. Bog.): „Ein merkwürdiger Polygamie-Prozess aus dem vorigen Jahrhundert."</small>

303 **Kornmann, Henr.** (aus Kirchheim in Hessen, Jurist, Prof. in Marburg, † das. 16. Jan. 1656), De annulo triplici: usitato, sponsalitio, signatorio, tractus. Lugd. Batav. 1672. 8.
<small>Frühere Ausg. (zus. mit dem folgenden): Hagae Comitum 1654. 12. (In Stralsund.) (6 Mk. Bielefeld.)</small>

304 — **De linea amoris tractatus,** sive commentarius in ver-

siculum glossae visus, colloquium convictus, oscula, factum
in leg. 23 sq..... de adulteriis, ut et de triplici annulo.... tractatus. Ed. II. Norimb. 1706. 8.
Frühere Ausg.: Francof. ad Moen. 1610. 12. (¹/₃ Rthlr. Maske, Breslau.)
Hagae-Comitum 1654 (zus. m. d. vorigen). 12. (In Stralsund.) — Rep. Francof.
1696. 8. (1 Mk. 25 Pf. Kirchhoff & Wigand.)

305 **Kornmann, Henr.**, Enucleatae quaestiones complectentes perjucundum ac plane novum tractatumde Virginum statu ac jure. Ex optimis tum sacris tum profanis auctoribus....
pertractatae. Jenae 1612. 16. (3 Mk. Rosenthal.)
Mit schöner Titelbordüre. — Ed. I. titulo: Sibylla Trygandriana.... (s.
weiter unten). Francof. 1610. 12. (¹/₂ Rthlr. Maske; 2 Mk. Raabe's Nachf.,
Königsberg i. Pr.) Rep. Jenae, typis Weidnerianis, 1621. 16. (1 Mk. 20 Pf.
Isaak St. Goar, Frankf. a. M.; vente Manderström II. no. 1108.) Francof.
1629. 16. (3 Mk. Rich. Siebert, Berlin.) Virginopoli 1631. 16. (1 fl. 12 kr.
Beck, Nördl.) Hagae-Comitum 1654. 12. (In Stralsund.) (4¹/₂ Mk. Bielefeld.)

306 — Idem opus. Norimb. 1679. 12. (36 kr. Beck; 1 Mk. 25 Pf. Kirchhoff & Wigand.)

307 — Idem opus sub tit.: Tractatus de virginitate, virginum statu et jure. Ed. II. Norimb. 1706. 12.

308 — Idem opus sub tit.: Sibylla Trig-Andriana, seu de virginitate, virginum statu et jure tractatus novus et jucundus, in quo ex jure naturali, canon. et civ., virginitatis status laudatur, virginum jura pertractantur etc. Acc. ejusd. autoris de linea amoris .... ut et de annulo triplici .... tractatus. Coloniae, ex typographia Petri Marteau (vel potius Argent.), 1765. Kl. 8. (5 fr. Claudin, Paris.)
In München sind noch folgende Schriften Heinr. Kornmann's: 1) De miraculis mortuorum. S. I. 1610. 8. (2 Exx.) 2) De miraculis vivorum, s. de varia natura, variis singularitatibus, proprietatibus, affectionibus etc. hominum vivorum, de natura et miraculis elementorum. Francof. ad. Moen. 1614. 8. (1 u. 2 zus. 3 Mk. 80 Pf. Ackermann.) 3) Responsum juris. Ursellis Wetteraviae 1623. 4. 4) Templum naturae historicum, in quo de natura et miraculis quatuor elementorum.... Darmstadii 1611. 8. (2 Exx.)

309 **Laïs philosophe** (La), ou Mémoires de Mme. D***, et ses discours à Mr. de Voltaire sur son impiété, sa mauvaise conduite et sa folie. A Bouillon 1760. 8. Front. gr. (5 Mk. Scheible.)
Nouv. édit. considérablement augmentée selon l'orig. impr. à Bouillon, chez Pierre Limier, 1761. II. Pet. in 8. 1 fig. (1 fl. 12 kr. Coppenrath, Regensb.; 12 à 15 fr. Cohen.)

310 Landes, Louis de, Glossaire érotique de la langue française depuis son origine jusqu'à nos jours, contenant l'explication de tous les mots consacrés à l'amour. Bruxelles, chez tous les libraires, 1861. 12.
XII-390 pp.

311 Lauriers ecclésiastiques (Les), ou Campagnes de l'Abbé T*** (i. e. de Terray) (comp. par le Chev. de la Morlière, né en 1701, † en 1785). Nouv. édit., corr. et augm. A Luxuropolis, de l'imprimerie ordinaire du chergé. (Holl.) 1783. 12.

Ed. I. ibid. 1748. (21 Sgr. Scheible); 2. éd. augm. ib. eod. 12. (Vente Manderström I. no. 166.) Nouv. édit. augm. avec les délices du cloître (par J. Barrin). Ibid. 1760. 8. (Vente Manderström II. no. 545; 4 Rthlr. Scheible.) Ibid. 1774. 8. (l. c. II. no. 545); 3. éd., corr. et enrichie de 6 planches (libres) du fameux F. B. (en réalité de Desrais). Ibid. 1779. 12. (15 à 20 fr. Cohen.) L'Abbé de Terray était le favori de la Marquise de Pompadour.

312 — Nouv. édit. augmentée et enrichie de gravures. Ibid. 1793. 8.

Réimpr. (vers 1882). 1 front. à l'eau-forte. (5 fr. Gust. Grimm, Budapest.)

313 Leçons du Commace amoureux, adressées par la Sçavante Madame la E. H. C. U. O. J. aux plus Fameuses de sa Profession. Imprimées aux dépens de l'Ami des Belles. 1684. 12. Rariss.

Légende (La) **joyeuse,** voir **Cabinet** (Le) **de Lampsaque,** note.

314 (Lemnius, Simon, „Emporicus", Vf. der „Rhaeteis", eigentl. Lemm Margadant, schweizerischer Dichter in lat. Spr., geb. um 1510 im Münsterthal in Graubündten, stud. 1532—33 zu München u. Ingolstadt, dann 5 JJ. in Wittenberg, später an der Schule in Chur angestellt, † das. 24. Novbr. 1550 an der Pest.) Lutii Pisaei Juvenalis Monachopornomachia. Datum ex Achaia Olympiade nona. S. l. et a. (153*). 8.

24 ff. Libellus rarissimus valde obscoenus. (Gottsched, Nöthiger Vorrath II, S. 192 ff; Murr, neues Journal II, S. 85 ff.) Simonis Lemnii Latratus poetici. Monachopornomachia. Threni Joannis Eckij (s. d.). Cosmopoli (Bruxelles, J. Briart) 1866. 4. (Nur in 200 Expl. f. Bücherliebhaber gedr.)

Von andern Schriften dieses zu wenig bekannten, geistreichen Dichters seien hier erwähnt: M. Simonis Lemnii Epigrammatum libri II. Vitebergae 1538. 8. (Goedeke, 2. Aufl., II. p. 95.) Ejusd. Epigrammatum libri III. Adjecta est quoque ejusd. Querela ad Principem. Anno Dom. 1538. (S. l.) 8. 75 ff.

38 Le Noble — Leone di Venetia.

(In Nürnberg, Stadtbibl., ex Bibl. Solger. III. p. 323: „Liber in B. Lutherum & Lutheranos injuriosissimus, atque summe rarus." Vide Vogt p. 405: Freytag, analecta, p. 523.) Simonis Lemnii Poetae Amorum libri IIII (sic). Anno 1542. 8. Bucolicorum Aeglogae V Simonis Lemnii Emporici Rheti Cani. Basileae, per Joannem, s. a. (1541*). 8. (Goedeke, II. p. 95.) Biographisches in: Strobel, G. Th., Leben u. Schriften Simonis Lemnii, worinn besonders von seinen berüchtigten Epigrammen hinlängliche Nachricht ertheilt wird. (S.-A. aus den Neuen Beytr. III, 1. S. 3—156.) Nürnb. 1792. 8. 156 S. — S. ferner Riederer, Nachr., IV, S. 344 ff.; Augsb. Allg. Zeitg., Beilage, v. 11. Octob. 1874; Vetter, Ferd., in der Allg. Deutschen Biograpie, XVIII, S. 236 - 39.

— S. auch **Eckius**, Joh.

315 **Le Noble** (Lenoble), Eustache (1643—1711), Carte de l'isle de mariage. A Amsterdam 1705. 12.

316 — La Promenade de Titonville. Ibid. eod. a. 12. (80 Pf. Heberle, Cöln.)
Von dem ebenfalls in München befindl. Roman „Abra-Mule, ou l'histoire du déthrônement de Mahomet IV. ibid. 1697, pet. in 8, erschien eine deutsche Uebersetzung; Hayn, Bibl. erot., 2. Aufl., nicht citirt, s. dagegen dort S. 14, 138, 174, 241.

317 **Leone di Venetia** (Abarbanel, Arabanel, Abrabanel, medico ebreo, i. e. Isaac Barranella, Arzt, jüdischer Abkunft, geb. zu Lissabon um 1437, † zu Venedig 1508), Dialoghi di Amore, composti per Leone, medico ebreo. In Vinegia 1545. 8.
Liber rarus sotadicis adnumeratus. (Vogt p. 406.)

318 — Gli stessi. Ibid., apud Aldum filium. 1549. 8. (In München in duplo; auch in Nürnberg 1 Expl.)

319 — Gli stessi. Ibid. 1552. 8.

320 — Dialoghi di Amore, di nuovo corretti et ristampati. Ibid. 1558. 8. (In München in duplo.)
Rep. Venetia, Bevilacqua, 1572. 8. 246 pp. num. (6 Mk. Rosenthal.) Édit. non citée par Ebert et Brunet; voir Graesse, trésor, IV. p. 166.

321 — Gli stessi. Ibid. 1586. 8. (3 Mk. Völcker.)

322 — Gli stessi. Ibid. 1607. 8.

323 — Französ. Uebers.: De l'amour. 2 tom. A Lyon 1551. 8.

324 — Dasselbe, tit.: Philosophie d'amour. Ibid. 1559. 8.

325 — Latein. Uebers.: Leonis Hebraei de Amore dialogi III. Nuper a Joanne Carolo Saraceno purissima candidissimaque latinitate donati. Venetiis 1564. 8. (In München in duplo.)

326 **Leone di Venetia.** — Span. Uebers.: Los Dialogos de Amor de Mestre Leon Abarbanel, medico y filosofo excelente, de nuevo traduzidos en lengua castellana. En Venezia 1568. 8.
<small>Versio Hispanica rarissima est.</small>
327 **Le Suire**, Rob.-Mart. (1737—1815), La courtisane amoureuse et vierge. 2 tom. A Londres 1802. 8.
328 — Le nouveau monde.... Eleutheropolis 1781. 8.
329 — Le repentir, ou suite des lettres originales, contenant les aventures de César de Perlencour, intitulée le Crime: Par l'auteur de l'Aventurier François, et du Philosophe Parvenu. 4 vols. A Bruxelles, chez Dujardin; à Paris, chez Defer de Maisonneuve, 1789. 12.
— Voir aussi ci-dessous Londres (London).
330 **Lettre d'Alcibiade à Glicère**, bouquetière d'Athènes, suivie d'une lettre de Vénus à Pâris et une epître à la Maîtresse que j'aurai (comp. par le Marquis Alex.-Fréd.-Jacques Masson de Pezay). Avec (tres-belles) figg. (par Eisen, gr. p. Aliamet, de Longueil et Lemire). A Genève et à Paris, chez Sébastien Jorry, 1764. 8. (12 à 15 fr. Cohen.)
<small>Cet opuscule a été souvent attribué à Dorat. Se trouve en grand papier. — Autre éd.: A la Haye, chez H.-J. Jansen, 1764. 12. 2 vign., dont la 1re sign. „Polack Fec." (Vente Manderström II. no. 641.)</small>
331 **Lettre d'un Médecin Arabe** à un fameux Professeur sur les reproches faits à Mahomet. Traduite de l'Arabe. S. l. 1713. 8.
332 **Lettre philosophique,** par Mr. de V*** (Voltaire), avec plusieurs pièces galantes et nouvelles de différens auteurs. A Londres 1775. 12.
<small>Ed. antér.: A Paris, aux dépens de la Compagnie (Liège) 1747; rep. ibid. (Liège) 1756. Pet. in 8.</small>
333 — Nouv. édit., augmentée de plusieurs pièces. A Londres 1795. 12.
334 **Lettres d'Amour, 100,** écrites d'Évandre à Cléante. Et recueïllies par le Sieur du T(oronet). A Paris, chez Aug. Courbé, 1646. 8.
<small>24 ff. et 480 pp. Fort rare!</small>

335 **Lettres galantes** de deux Dames de notre tems. A Liège, 1762. 8. (Auch in Stralsund). (2 fl. Gilhofer & Rauschburg, Wien.)
Letus, Calvidius, vide **Quillet**, Claude.
336 **Liaisons** (Les) **dangereuses nouvelles**, ou Lettres du Chevalier de Joinville et de Mlle. d' Araus. 4 tom. Avec figg. A Paris 1792. 8.
337 **Libertins** (Les) **en campagne**. Mémoires tirées (!) du Père de la Joie, ancien aumônier de la reine d'Yvetot. Imprimé au Quartier Royal, 1710 (à l'sphère). Pet. in 12. 1 fig. (Auch in Stuttgart.) (6⅓ Rthlr. Scheible.)
<small>Réimpr. à 100 expls. numérotés seulement. Turin 1870. 8. (4 Rthlr. Scheible.)</small>
338 **Lindor**, ou les excès de l'amour, lettres. A Londres et se trouve à Paris 1772. 8. (12 Mk., expl. usé, Rosenthal.)
339 **Lit de Noce** (Le), ou les Nuits du Docteur Pyrico-Proto-Patouphlet, livre comique et cependant médico-philosophique, traduit tout nouvellement de la langue gasconne, par un berger d'Arcadie. S. l. (Paris) 1791. 8. 1 fig. p. Le Barbier, gr. p. Masquelier. (15 à 20 fr. Cohen.)
340 **Londres** (London). — Amants François (Les) à Londres, ou les délices de l'Angleterre (par Rob.-Mart. Le Suire). A Londres 1780. 8.
341 — Aventures de Londres. 2 pts. A Amsterdam 1751. 8.
342 — Harris' List of Covent-Garden-Ladies: or Men of Pleasures Kalendar for the Year 1786. London. 8.
343 — .... for the Year 1787. London. 8.
344 — King's place in an uprour. A poem founded upon facts. London, s. a. 4.
345 — Magazine (The Covent-Garden), or amorous Repository. Vol. 1—4. With cuts. London 1772, 73, 74, 75. 8.
346 — Maquerelle (La) de Londres, son caractère et sa mauvaise vie. Trad. de l'Anglois. A Francfort s. le Meyn, s. d. (17**). 8.
347 — Register (The new Covent-Garden-), being secret Memoirs of some celebrated Ladies etc. With a frontispice. London, s. a. (17**). 8.
<small>All together very scarce.</small>

348 **Love-Elegies.** By Mr. H*****nd. Written in the year 1732. London 1743. 8.
349 **Lucinde,** ou les amans traversés. A Londres . . . 1788. 8.
350 **Luisinus,** Aloys. (i. e. Luigi Luisini), De morbo Gallico omnia quae extant apud omnes medicos cujuscunque nationis. Tom. I. Venetiis, J. Zilettus, 1566. Fol. (20 Mk., wasserfl. Ex., Schletter, Breslau.) — Tomus posterior, c. append. tomi prioris. Ibid. 1567. Fol.
<small>Cplt. gesucht n selten! — Von L. Luisini ist in Stralsund: De cognoscendis animae affectibus. Basileae 1562. 8.</small>
351 — Aphrodisiacus, sive de lue venerea. C. praef. Hermanni Boerhaave. 2 tomi. Lugduni 1728. Fol. (Auch in Marburg, Univbibl.)
352 — Gruner, Chrn. Gottfr. (1744—1815), Aphrodisiacus, sive de lue venerea. (Eine Fortsetzung d. vorigen Sammlung.) 2 pts. Jenae 1789. Fol. (Auch in Marburg, Univbibl.) (4 Mk. H. W. Schmidt, Halle a. S.)
353 **Lyre gaillarde** (La), ou Nouveau Recueil d'Amusemens. Aux porcherons 1776. 8.
354 **Madelaine** (La nouvelle), ou la Conversion. Poëme héroï-comique. En 3 chants. A Rome 1780. 8.
355 **Magazine** (The Matrimonial-) for January, February, March, April, May, June et July 1793. With prints. London. 8. Rariss.
356 **Maintenon, Mme.** de (1635—1719). Le Passe-Temps Royal de Versailles, ou les amours secrettes de Mme. de Maintenon sur de nouveaux mémoires très-curieux. A Cologne, chez Pierre Marteau (Holl.), 1712. 12. Front. curieuse.
<small>Libelle très-rare. — Ed. antér.: Ibid. 1696. 12. (58 fr. La Bédoyère); ibid. 1704. 12. (15 Mk. Bielefeld, Carlsruhe.)</small>
357 **Manuel des Boudoirs,** ou Essais érotiques sur les demoiselles d'Athènes, ouvrage plus moral qu'on ne pense, tiré en partie du porte-feuille secret du secrétaire Grec du Scythe Anacharsis (comp. p. Mercier de Compiègne). 4 tom. Avec 4 figg. (par Bornet, gr. p. Croutelle, ou non signées). A Cythère, avec licence des Amours, l'an du

Plaisir et de la Liberté 1240 (Paris 1787). 8. (60 à 80 fr. Cohen; 8 Rthlr., 2 tomes seulement, avec grav., Scheible.)

358 **Marconville**, Jean de (né en 1540, † après l'an 1578), De l'Heur (!) et Malheur de Mariage. A Paris 1578. 8.

359 **Margot la Ravaudeuse**, par Mr. de M** (i. e. Fougeret de Montbron, † 1761). A Hambourg (Paris) 1775. 12. 1 fig.
Ed. J. (1758.) (5 Rthlr. Scheible.)

360 — Même ouvrage. Ibid. (Holl.) 1800. 8. 1 fig. (12 Mk. Ackermann.)
Réimpr. s. l. 1868. 8. (7 Mk. Ackermann.)

361 **Marino**, Giov. Battista (ou Giambattista), (1569—1625), L'Adone. Poema (in XX canti). Torino, s. a. (1623). 8.
Bibliogr. de l'amour: „Sans être jamais violent ou emporté le poëte se complait dans nne certaine politesse de lascivité élégante; il présente gravement avec une méthode complaisante les raffinements d'un sybaritisme étudie."

362 — Lo stesso. A Paris 1623. Fol.
Antre édit., con gl' argomenti del Conte Fort. Sanvitale e l'allegorie di L. Scoto. Venetia, Sarzina, s. d. (1623). Fol. (Einsle's in Wien Mai-Auct. 1887. no. 502.)

363 — Lo stesso. 2 vols. Amsterdam 1680. 8.

364 — Lo stesso. Con gl'argomenti, le allegorie e l'aggiunta di pezzi fuggitivi. 4 vols. London 1789. 8. Avec portr., 4 front. gr. et 20 grav. (10 Mk. Scheible; 6 Mk. sans grav., Völcker.)
Cette édit. est la meilleure de toutes.

— Voir aussi **Plaisirs** (les vrais).

365 **Martial d'Auvergne** (dit de Paris, ou d'Auvergne, né vers 1440, † le 13 mai 1508). Aresta (sic) amorum LI. C. erudita Benedicti Curtij (i. e. Bénoit de Court) Symphoriani explanatione. Lvgdvni, apud Seb. Gryphivm, 1533. 4. (Auch in Nürnberg, Stadtbibl., ex bibl. Solger. II. p. 435. no. 2150.) (75 fr. Techener.)
Vente Manderström II. no. 1021: Seconde édit., assez soignée, de l'ouvrage célèbre, la première avec les commentaires (en ancienne langue franç.). Ed. princeps parut sons le titre: „Sensvit les cinqvante et vng, et cinquante deuxiesme Arrestz donnez au grant conseil Damours: A lencontre de plusieurs parties. Anecques les ordonnances sur le faict des Masques. Imprime a Paris par Anthoyne Bonne mere, s. a. (vers 1530). 12. (85 Mk. Albert Cohn, Cat. 162 [1884] no. 900:) „Edit. non citée pur les bibliographes, en lettres rondes, avec des signatures A-Yjj, sans chiffres. On lit à la fin cette sonscription: Lecta publicata registrata in parlamento amoris audito procuratore generali

in vigilia Regum. Anno. M. D. XXVIII. (1528.) Ainsi signe le l'ampile. — M. Brunet III, col. 1485, cite une édition semblable à celle-ci, mais sans lieu d'impression."

366 **Martial d'Auvergne,** Idem opus. Ibid. 1538. 4. (9 Mk. Kirchhoff & Wigand.)

367 — Idem opus, accuratissimis Benedicti Curtij Symphoriani commentariis ad utriusque juris rationem, forensiumque actionum usum, quam accuratissime accommodata. Ibid. 1546. 8. (Auch in Nürnberg, Stadtbibl., ex bibl. Solger. III. p. 372.) (3 Rthlr., bel expl., J. M. C. Armbruster, Lpz., en 1853.)
Edit. augm. de l'arrêt de l'Abbé Cornard. Voir aussi Bibl. Mencken. p. 882.

368 — Idem opus. Parisiis 1544. 8.

369 — Idem opus. Ibid. 1555. 8.
Cfr. Bibl. Mencken. p. 852. — Einen Druck von 1539 mit ganz verändertem Titel, statt 51 nur 22 „arrêts" enthaltend, citirt Cat. Porquet, Paris, 1884, p. 210.

370 — Idem opus. Ibid. 1566. 8.
Einen Druck Hanoviae 1611 s. unten in d. Sammlung „Processus juris etc."

371 — Französ. Uebers.: Les arrêts d'amours, avec l'amant rendu cordelier à l'observance d'amours. Accompagnez des commentaires juridiques de Bénoit de Court. Dernière édit., revûe et augmentee. 2 pts. A Amsterdam 1731. 8.

372 — Les poésies de Martial de Paris. 2 tom. A Paris 1724. Pet. in 8. (1 Rthlr. 1 sgr. vente Sobolewski no. 987.)

373 — La grant (!) dance macabre des femmes que composa Marcial de Paris dit d'Auvergne, procureur au parlement de Paris. Publiée pour la 1$^{\underline{me}}$ fois d'après le manuscrit unique de la bibliothèque impériale par P.-L. Miot-Frochot, membre de la société de l'histoire de France. A Paris, 1869, librairie Bachelin-Deflorenne. 4.
3 ff. et 52 pp.

374 **Mémoires de Mme. la Baronne de *****, ci-devant Mlle. Angélique, célèbre Courtisane de Rome. Écrits par elle-même. Augmentés de notes de l'éditeur. A Amsterdam 1785. 8.

375 **Mémoires (Les) du Chevalier de J***.** A la Haye 1738. 8.

Mémoires (Les nouveaux) d'un homme de qualité, voir **Restif de la Bretonne.**

Mémoires de Saturnin, voir **Histoire de Gouberdom,** note.

376 **Méro,** Odes anacréontiques, contes en vers et autres Pièces de Poésies, suivies de Come de Médicis. Avec le portr. de l'éditeur en taille-douce. A Londres 1781. 12.
377 **Minutes perduës,** ou histoire amoureuse et galante du Marquis de ***. A Vénepole (Ulm) 1766. 8. (Auch in Stralsund u. Stuttgart.) (2 Mk. Kühl, Berlin; 2 Mk. G. Salomon, Dresden.)
378 **Mirabeau,** André-Boniface-Louis Riquetti Vicomte de (frère du suivant, né en 1754, † en 1792), Facéties. 2 pts. A Côte Rôtie, s. d. (vers 1790). 8.
379 — Gabr.- Honoré -Victor Riquetti Comte de (le célèbre homme d'état et écrivain, né en 1749, † en 1791), Contes et Nouvelles, adressés, du Donjon de Vincennes, à Sophie Ruffey. Avec des estampes. A Tours et à Paris, l'an 4. (1796.) 8.
380 — — Facéties aux enfers. S. l. 1791. 8.
381 — — Vie privée, libertine et scandaleuse de feu ci-devant Comte de Mirabeau. Avec ffgg. A Paris 1791. 8.
Pour la biographie de M. consultez aussi: Vie publique et privée de Honoré-Gabriel Riquetti, chevalier de Mirabeau, etc., nouv. édit., dédiée aux amis de la Constitution monarchique. A Paris, hôtel d'Aiguillon, 1791. 8. Portr. curieux tiré en bistre, n. s. (10 á 12 fr. Cohen.) Mémoires biographiques, littéraires et politiques de Mirabeau, écrits par lui-même. 6 vols. Bruxelles 1834. 12. (6 Mk. G. Salomon, Dresden.) Lettres d'amour de Mirabeau précédées d'une étude sur M. par Mario Proth. Avec le portr. de Sophie Monnier par Leguay. Paris 1862. 12. (⅚ Rthlr. vente Sobolewski no. 1001.) Wolff, O. L. B., Mirabeau u. Sophie. Ein histor. Roman. 2 Bde. Leipzig 1834. 8.
382 **Moine galant** (Le), ou la vie de Don F*** Bernardin, écrite par lui-même. S. l. 1756. 8.
383 **Monialisme** (Le), histoire galante, écrite par une Ex-Religieuse de l'Abbaye où se sont passées les Avantures. 2 pts. A Rome, aux dépens des Couvens. 1777. 8.
Véritable édit. originale. — Réimpr. á Stoutgart (Scheible) 1858. 12. 11. (Vente Manderström II. no. 263.)
Monrose, voir **Nerciat,** A. de.
384 **Monumens de la Vie privée des Douze Césars,** d'après une suite de pierres (et médailles) gravées sous leur règne (publ. par Hugues, dit d'Hancarville). A Caprées, chez Sabellus (Nancy, Leclerc). 1780. 4.

Avec 51 gravures obscènes (y compris 1 front.) du genre spintrien (mais presque toutes imaginaires). Il y a 2 éditions sous la même date, les titres à 11 ou à 10 lignes.

385 **Monumens de la Vie privée des Douze Césars** . . . . Ibid. 1782. 4. (20 Rthlr. Scheible; 50 fr. Bukowski.)
Nouv. éd.: A Rome, de l'imprimerie du Vatican, 1785. 4. (8 Rthlr. Maske, Breslau.) Ibid. 1786. 4. (200 Mk., avec les „Dames Romaines" de l'édit. de 1791. Scheible.) Cohen p. 260: Un bon expl. en maroquin des deux ouvrages, 380 fr., vente de Béhague.

386 — **Monumens du Culte secret des Dames Romaines**, d'après une suite de pierres (et médailles) gravées sous leur règne (publ. par Hugues, dit d'Hancarville); pour servir de suite aux Monumens de la Vie privée des Douze Césars. A Caprées, chez Sabellus (Nancy, Leclerc), 1784. 4.
Avec 51 grav. obscènes (incl. 1 front.) du genre spintrien (mais la plus part imagin.) Les deux ouvrages, bel expl. de la I édit. [1780, 84], 58 Rthlr. Scheible; 230 Mk. Albert Cohn (Berlin); 300 fr. Chr. Porquet (Paris). Nouv. éd.: A Rome, de l'imprimerie du Vatican, 1786—90 II. 8. (200 Mk. Scheible: expl. très-grand de marges, à peine ébarbé; 350 fr. Cohen.) Ibid. 1787. Gr. in 2 vols. de texte et 1 vol. cont. les planches. (120 Mk. Scheible, superbe expl.) Ibid. eod. a. 4. Front. et 24 grav. Le texte se compose de 24 ff. et d'une préface de 8 pp. Le tout gravé. Le titre contient en grise de fleuron les lettres entrelacées P. D. (Pierre Didot). Selon Cohen cette édit. gravée doit être fort rare. (80 Mk. Scheible, superbe expl.)
Il y a aussi un ouvrage semblable, attribué au même éditeur, portant le titre: Veneres et Priapi uti observantur in gemmis antiquis (Suite de 30 estampes et un texte franç., entièrement gravé.) Lugd. Bat., s. a 8. (8 Rtblr. Scheible.)

387 **Moyen** (Le) **d'être heureux**, ou le Temple de Cythère. 2 pts. A Amsterdam 1550. 8. Rarissime.

388 **Moyen** (Le) **de parvenir**. Oeuvre contenant la raison de ce qui a été, est, et sera. Avec démonstration certaine, selon la rencontre des effets de la vertu. Accompagné de notices littéraires par Jacob le Bibliophile. 2 vols. S. l. 1757. 8. (2 Rthlr. Armbruster, Lpz., en 1853.)
L'auteur de ce canevas célèbre est resté inconnu, l'hypothèse qui nomme Béroalde de Verville est maintenant abandonnée. On l'attribue généralement à Henri Estienne. (Vente Manderström I. no. 1106.)
Ed. I. a paru en 1620. — Nouv. ed.: Imprimé cette année (16**),s. l. (Hollande). Pet. in 12., de 439 pp. (In Nürnberg, ex bibl. Solger. III. p. 445. — Auch in Stralsund eine Ausg. (dieselbe?) s. l. et a.) Jolie édit. qui se joint à la collection des Elzeviers. (20 Rthlr., expl. grand de marges et bien conservé, Asher, Berlin.) A Chinon, de l'Imprimerie de Franç. Rabelais, rue du Grand Braquemart, à la pierre philosophale, l'année pantagruéline (Holl., vers 1700). 2 vols. Pet. in 8. Titre en rouge et en noir. (12 fr. Claudin; 10

46 Moyen — Narcisse.

Mk. Scheible.) Nulle part 100070032. (1732.) 2 vols. 12. Brunet: Édit.
assez belle et où l'on trouve un abrégé de la dissertation de la Monnaye sur
le Moyen de parvenir. (10 Mk. Ackermann; 10 Mk. Kirchhoff & Wigand; 9
Mk. Scheible). S. 1. 1747. Pet. in 8. II. (In München.) A*** 100070057.
(1757.) 12. II. 1 joli front. p. Martinet. (Cohen p. 57: De 40 à 50 fr., et en
grand papier, maroquin rouge, de 300 à 400 fr. suivant la fraîcheur.) Londres
Cazin, 1771. 12. III. (9 Mk. Scheible.) S. 1. 100070073. (1773.) 12. II.
Front. avec le portr. de l'auteur en médaillon, n. s. Titre gravé à chaque vol.
(20 à 25 fr. Cohen.)

389 **Moyen (Le) de parvenir**.... Nouv. édit. 3 vols. A Londres (Cazin) 1781. 12.
Le même. publ. par P.-L. Jacob. Paris 1841. 8. (22 Sgr. vente Sobolewski no. 839.)

390 — Même ouvrage sous le titre: Le Coupecu de la Mélancholie, ou Vénus en belle humeur. A Parme 1698. 12.

391 **Moyens (Les) de se guérir de l'Amour.** Conversations galantes. A Paris 1681. 12.
Autre (?) éd.: Lyon 1681. 12. (5 Mk. Kirchhoff & Wigand.)

392 **Muse folastre (La).** Livre 1—3. A Rouen 1605. 8.
Claudin cite en 1876: Le premier et unique livre du Labyrinthe d'Amour,
ou suite des Muses Folâtres, recherchée des plus beaux esprits de ce temps,
par H. F. S. D. C. Rouen, Cl. Levillain, 1.15. Pet. in 12. (Réimpression à
100 expls. numérotés d'un livre de poésies presque introuvable.)

393 **Musset**, Paul de (1804—80), Femmes de la Régence, galerie de portraits. 4$\underline{me}$ édit. revue et corrigée. Paris, Charpentier. 1858. 8.
Mme. de Verrue. — La Duchesse de Berry. — Mlle. Quinault. — Mlle. de Lespinasse. — Mme. de Tencin.

394 **Nadir-Khan et Gulianne,** conte persan, pour servir de supplément aux mille et une nuits. A Londres et à Paris 1772. 12.

395 **Naples.** (Neapel.) — Musée Royal de Naples. Peintures, Bronzes et Statues érotiques formant la collection du Cabinet secret etc. Paris, Ledoux, 1836. Gr. in 4. ($8^1/_3$ Rthlr. Maske, Breslau.)
Épuisé chez l'éditeur et devenu très-rare. Cont. 60 gravures avec leur
explication par C. Famin. (60 Mk., l'explic. avec 41 pls. seulement, Scheible.)

396 **Narcisse dans l'île de Vénus,** poème en quatre chants (par Jacques-Charles-Louis de Malfilâtre, né en 1733, † en 1767). A Paris, chez Lejay, s. d. (1769). 8. ($4^1/_2$ Mk. Ackermann; 15 à 20 fr. Cohen; 9 Mk. Alb. Cohn; 20 fr. Porquet.)

Édit. publ. au profit des héritiers de l'auteur. Avec 1 titre p. Eisen, gr.
p. de Ghendt, et 4 figg. de Gabr. de Saint-Aubin (assez médiocres), gr. p.
Massard. — Autre éd.: A Paris, chez Chaigneau aîné, imprimeur-libraire,
1797. 8. Figg. (réductions retournées, gr. p. Duval.) (8 à 10 fr. Cohen.)

397 **(Nerciat,** Chevalier Andréa de, né en 1739, † en 1800.)
Félicia ou Mes Fredaines. 2 tom. A Amsterdam (Paris)
1786. 18.
Édit. antér.: A Londres (Paris, Cazin), f. d. (1782). 4 pts. in 18, de 112,
136, 151, 146 pp. Avec 24 figg. (dont 11 libres) de Borel, gr. p. Elluin, n.
s. (50 à 60 fr. Cohen.) Nouv. éd.: S. l. (Liège, Desoer) 1792. IV. (30 fr.
Bukowski.)

398 — Le même. 4 tom. avec figg. (libres). A Paris 1795.
12. (In München in duplo.)
Nouv. éd.: Londres 1812. 18. IV. 4 figg. (36 Mk. Kühl, Berlin.) Ibid.
1869. 8. IV. (12 Mk. Ackermann.)

399 — Monrose, ou le Libertin par fatalité, suite de Félicia,
par le même auteur. 4 tom. avec des estampes érot.
(attrib. à Queverdo). A Paris 1797. 18. (Félicia et suite,
45 Mk., bel expl. n. rogné, Schleiermacher, Potsdam, vers
1885.)
Cohen p. 420: 2 vols. cont. 24 figg. érot. n. s., attrib. a Quéverdo. (De
50 à 60 fr.) — Ed. princeps (imprimée sous les yeux de l'auteur): S. l. (Liège,
Desoer) 1792. 8. IV, de 176, 214, 205, 200 pp., et Apostille 4 pp. (30 fr.
Bukowski.) Nouv. éd.: S. l. 1795. Pet. in 12. IV. 4 figg. n. s. (20 fr.
Bukowski.) Cfr. Bibliographie anecdotique et raisonné de tous les ouvrages
de Nerciat, par M. de C***, bibliophile anglais. Avec portr. inédit de Nerciat.
Londres 1876. 8. (8 Mk. Paul Neubner, Cöln.)

— Voir aussi **Aphrodites** (Les).

400 **Nevizanus,** Jo. (i. e. Giov. Nevizan, ber. Rechtsgelehrter,
geb. zu Asti in Piemont 14**, † das. 1540). — Jo. de Nevizanis
sylva nuptialis: Lugduni, per Joannem Moylin
de Cambray. 1526. 8. (3 Mk. Heberle, Cöln.)
Oettinger, Moniteur des Dates, tome IV. Dresde 1864. p. 60, note: „Seine
(N's) in obiger Satire aufgehäuften Sarkasmen auf das schöne Geschlecht
hatten die italien. Frauen dergestalt empört, dass sie ihn steinigten. Sein
Werk ward auf den Index gesetzt u. zur Beruhigung des weiblichen Geschlechts
bei schwerer Kirchenstrafe streng verboten."

401 — Sylvae nuptialis libri VI, in quibus ex dictis modernis
materia matrimonii, dotium, filiationis, adulterii,
originis, successionis, monitorialium plenissime discutitur
etc. Lugduni 1545. 8. (6 Mk., wasserfl. Expl., Ackermann.)
Oettinger nennt eine Ausgabe Parisiis 1521. (?). 8.

402 **Nevizanus**, Jo., Idem opus. Lugduni 1556. 8. (In München in duplo.)
403 — Idem opus. Venetiis 1570. 8.
404 — Idem opus. Lugduni, apud Bartholomaeum Vincentium. — In fine: Lugd., excudebat Joannes Marcorellius, 1572. 8. (In München in duplo.)
<small>16 Bll. Vorst. (incl. Tit. m. Signet d. Verlegers), 601 bez. S., 5 unbez. S., 1 Bl. Wiederholung d. Druckanzeige (darüber Vignette in Holzsch.).</small>
405 — Idem opus. S. l. 1592. 8. (Ebd. in duplo.)
406 — Idem opus. Francofvrti, apud Jodocvm Kalcovivm. 1647. 8. (Auch in Stralsund.) (6 Mk. Ackermann.)
<small>Die neueste Ausgabe erschien Köln 1856. 8.</small>
407 **Nez** (Le). ouvrage curieux, galant et badin, composé pour le divertissement d'une certaine Dame de qualité. Par J. P. N. du C., dit V. (attrib. à Étienne Roger). A Amsterdam 1717. 12. Front. gr.
— Voir aussi **Éloge** (L') et **Tetons** (Les).
408 **Nicius**, Janus, Erythraeus (i. e. Joh. Vict. Rossi), Eudemiac libri X. Colon. Ubior. 1645. 8. (In München in duplo.)
409 — Idem opus. C. praefatione Jo. Chr. Fischeri. Ibid. 1740. 8. (Ebd. 4 Expl.)
410 **Nouvelles amoreuses**, ou le beau Sexe abusé. A l'isle de Cythère, aux dépens des Curieux (Paris) 1760. Pet. in 8. (10 Mk. Albert Cohn.)
411 **Nugæ venales**, sive Thesaurus ridendi et jocandi. Ad gravissimos severissimosque viros, patres melancholicorum conscriptos. Anno 1648. Prostant apud Neminem, sed tamen Vbique (Amstelod.). 12. Titelkpf. (4 Mk. Ackermann.)
<small>Enth. in 2 Theilen: Problemata ludicra et historiolae ridiculae. — De Hasione et hasibili qualitate. — Floïa cortum versicale. — De jure et natura pennalium. — De Cornelio et ejusdem natura. — De Beanorum affecti'ous et curatione. — Theses inaugurales de virginibus, de studiosia, de hospitiis &c. — Pugna porcorum. — Clepondia poetica et alia. (Cfr. Genthe, F., Geschichte der macaron. Poesie. 2. Aufl. Leipzig 1836. 8; Pernwerth v. Bärnstein, A. G., Beiträge z. Geschichte u. Literatur des dentschen Studententhumes. Würzburg 1882. 8.)
Frühere Ausg.: Nugae venales, sive ridicularia atrae bili vel melancholicae expellendae apta nata. Anno (16)32. (Amst.?) 12. (3 Mk., zus. m. 1 ähnl. Werkchen, Kirchhoff & Wigand.) Lugd. Bat. 1632. 12. (In Stralsund.)</small>

Nugæ — Opschriften.

(3 Mk. O. Richter, Lpz.) S. 1. (Amst.) 1642. 12. (Vente Manderström II. no. 1112.) S. 1. 1644. 16. Kpftit. u. 278 S. (In München.) (2 fl. Ackermann.) — Spätere Ausg.: S. l. (Amst.) 1661. 12. (Weller, Annalen, II. p. 306.)

412 Nugæ venales. — Idem opus. S. l. 1663. 16. Kpftit. (Auch in Marburg, Univbibl.)
Spätere Ausg.: Neverst., apud Gasp. Myrrheum, Melch. Thureum, Balth. Anreum, 1681. 16. 2 pts. c. 3 tabb. aen. (6 Mk. Rosenthal.) S. l. 1689. 16. 323 S. m. Kpf. (In Nürnberg, Stadtbibl., ex bibl. Solger. III. p. 447.) (4 Mk. Ackermann; 2 fl. Härpfer, Prag; 3 Mk. Heberle; 3½ Mk. O. Richter.) S. l. 169*; 1694. 12. (Weller, l. c.) Leoburgi (Hamb.) 1703. 12. (l. c.) Francof. 1703. 12. (1 fl. 30 kr. Ackermann). Apud Neminem (Francof.) 1720. 12. C. figg. (1 Rthlr. Richter n. Harrassowitz; 3½ Mk. Ackermann.) Londini, sumptibus societatis (Paris.?) 1741. 12. (Weller, l. c.)

413 Odalisque (L'), ouvrage traduit du Turc (composé par Pigeon de St. Paterne [i. e. Mayeur], sous-bibliothécaire de l'abbaye de Saint-Victor. A Constantinople (Paris), chez Ibrahim Bectas, imprimeur du grand-vizir, auprès de la mosquée de Ste. Sophie, 1779. 18.
Cohen p. 383: Le même, trad. du Turc p. Voltaire. Ibid. 1796, in 32. Papier fort. 4 figg. libres, n. s. (De 25 à 30 fr.)

414 Ode à Priape. A Paris 1786. 8.

415 Odes anacréontiques. S. l. ni d. 8. (In München in duplo.)

416 Onanisme (De l'), ou discours philosophiques sur luxure artificielle. Par Mr.***** (Phil. Du Toit-Mambrini). Lausanne 1760. 8.
Verf. im Münchener Zettel-Cat. genannt, m. d. Notiz: Dutoit ist der Verf. der „Philosophie divine", deren letzte Ausgabe dem Keleph Ben Nathan beigelegt wird. Cfr. Schlüter, C. B., die himmlische Philosophie des Keleph Ben Nathan. Münster, Deiters, 1845. 8.
Ist Dutoit wirklich Verf. obiger Schrift, so ist diese verschieden von folgendem, zuerst ibid. eod. anno erschienenem Werckchen Tissot's (Dr. Sim.-André, geb. 1728, † 1797), welches zahlreiche Auflagen und Uebersetzungen erlebte: L'Onanisme, ou discours phys. et philos. sur les maladies produites par la masturbation. (2 pts. in 1 vol.) Trad. du Latin. Lausanne. Marc Chapuis, 1760. 8. (In München.) Weitere Ausg. u. die deutschen Uebersetzungen s. bei Hayn, II., Bibl. gynaecol. et cosmet. Lpz. 1685. Gr. 8. S. 131—135.

417 Opschriften, Koddige en ernstige, op Luyffens, Wagens, Glazen, Uithangborden, en andere Taferelen (uitg. door J. Jeroense). 4 Deelen. Met (16 origineelen) kopere Platen. Amsterdam 1709. 8. (6 Mk. Kirchhoff u. Wigand: br., unbeschn. Expl.; 7 Mk. Ackermann.)

50 Origine — Pallavicino.

Sammlung komischer Anekdoten, Erzählgn. etc., ganz in epigrammat.
Versen. — Frühere Ausg.: Ibid. 1690. 8. III. (In Marburg, Univbibl.)
(2 Rthlr. Scheible; 6 Mk. Kirchhoff & Wigand.) Rep. ibid. 1698. 8. IV.
(7 Mk. Ackermann.) — Spätere Ausg.: Ibid. 1719. 8. IV. (In Stralsund.)
Rep. ibid. 1731. 8. IV. (5 Mk. Ackermann; 6 Mk. Bielefeld.)

418 **Origine** (L') **des Cons sauvages et Européens**, avec la manière de les apprivoiser etc. A Constantinople 17000 (!). 12.
Voir aussi Tourrière (La) des Carmélites (appendice).

419 **Origine des puces et le pucelage conquis**; Poëmes libres etc. Par l'auteur des Veillées du Couvent (voir ci-dessous). Avec figg. A Paris 1793. 12.
Cfr. Philopsyllus, W. A. L., Der Floh, das ist des weiblichen Geschlechtes schwarzer Spiritus familiaris, von literar. u. naturwiss. Seite beleuchtet. Weimar, A. Huschke, 1880. 8. S. 88—89 u. S. 163.

420 **Origine du Rouge** que portent les Dames, Conte, dédié au beau Sexe. A Paris 1759. 12.

421 **Pallavicino**, Ferrante (geb. 1615 zu Placenzia, Canonicus in Rom, wegen seiner Satiren wider die „liederliche Aufführung der römischen Braut" nach Avignon gelockt u. dort 1644 im 29. Lebensjahre enthauptet), Le due Agrippine. Venetia, Turrini (mit Signet), 1654. 16. (In München in duplo.)

422 — La Bersabée. Ibid. eod. anno. 16. (Ebd. in duplo.)
87 S. (incl. Tit, 1 Bl. Znschr., 2 Bll. Vorr.) u. 1 S. Schriften-Verz. des Verfassers.

423 — Il Giuseppe. Ibid. 1637. 16.
424 — Lo stesso. Ibid. 1648. 16.
425 — Lo stesso. Ibid. 1654. 16.
426 — Opere scelte. Di nuovo ristamp. Villafranca (Amst., Elzevier) 1666. 12. (Auch in Marburg, Univbibl.) (4 Mk. Heberle.)
Ein Theil der hierin enthaltenen Schriften auch in's Deutsche übertragen. (Cfr. Hayn, Bibl. Germanor. erot., 2. A., S. 422.) — Frühere Ausg.: Villafranca (Genève?) 1660. 12. (3½ Rthlr. Weigel, Lpz.: Première édit. des ouvrages prohibés de Pallavicino.) Ibid. 1663. 12. (In Schaffhausen.)

427 — Gli stessi. Ibid. 1671. 12. (In München in duplo.)
428 — Gli stessi. Ibid. 1673. 12. (Ebd. in triplo; auch in Marburg 1 Expl.) (12 Rthlr., bel expl., grand de marges, Asher; 10 Mk. Heberle.)
Édit. la plus recherchée. Elle contient toutes les différentes pièces indiquées au titre, en partie avec titres et pagination séparés: et surtout la

„Rettorica delle Puttane, composta conforme alli precetti di Cipriano (i. e. Ferrante Pallavicino), de 124 pp. (Éd. antér.: In Cambrai (Holl., Elzevier) 1642. Pet. in 12. [Expl. in Nürnberg, ex bibl. Solger. III. p. 445; auch in Grenoble.] Cfr. Vogt p. 445. — Rep. ibid. 1645. Pet. in 12. [ebenfalls in Nürnberg, ex bibl. Solger. III. p. 442]. — Rep. ibid. 1646. Pet. in 12. Cfr. Bibliogr. de l'amour, VI. p.-213.)
Franzõs. Uebers.: La Rhétorique des putains, composée conformément aux préceptes de Cipriano. Villefranche 1871. 8. Avec grav. [12 Mk. Ackerman.]

429 **Pallavicino**, F., Panegirici, epitalami, discorsi, novelle e lettere amorose. Venetia 1649. 8.
Rep. ibid. 1652. 8. (In Marburg.) Ibid. 1654. 12. (In Zürich, Stadtbibl.)

430 — Il Principe hermaphrodite. S. l. et a. (16**). 12.
431 — Lo stesso. Venetia 1650. 16.
Frühere Ausg.: Ibid., Sarzina, 1640. 24. Front. gr. (8½ Mk. Scheible.)
432 — Lo stesso. Ibid. 1654. 16. (In München in duplo.)
433 — Lo stesso. Ibid. 1656. 16.
434 — La Pudicitia schernita. Villafranca (Amsterd., Elzevier) 1673. 12. (1 Rthlr., Maske, Breslau.)
Frühere Ausgabe: In Venetia 1638. 16. (In Nürnberg. ex bibl. Solger. III. p. 441.)
435 — La Svsanna. Libri qvattro. 5. impressione. Venetia 1654. 16. 236 S. (In München in triplo.)
436 — Lo stesso. Ibid. 1658. 16.
Biographisches über P.: Vita, da Girolamo Brussoni. Venetia 1654. 12. (Expl. in Zürich, Stadtbibl.); Placcius, Vinc., theatrum anonymor. p. 654 sq.; Naudaeana p. 109 sq.; Vogt p. 511 sq.; Peignot II. p. 19; Flögel, Geschichte d. komischen Litteratnr, II. p. 224 sq.; Goedeke I. p. 500.

437 **Palmarèze**, La Marquise de, Oeuvres. 3 tom. Par tout et pour tout le temps, à Kehl, 1789. 12.

438 **Panormita**, Antonius (i. e. Antoine Benaccelli di —, ital. Humanist, geb. 1394 zu Palermo, † 6. Jan. 1471 zu Neapel). Hermaphroditus. Primus in Germania ed. et Apophoreta adjecit F. C. Forbergius. Melocabi, apud haeredes Philaenidis. 8. (20 Rthlr. Scheible; 45 Mk. Baer; die Kpfrn. apart, 4 Rthlr. Scheible.)
Die 21 dazu gehörigen, sehr obscönen Kpfrn. haben den besond. Titel: ΕΙΚΟΣΙΜΗΧΑΝΟΝ. (Eikosimechanon.) Cplte. Expl. sehr gesucht u. selten. — Andre Ausg. (vermehrt) erschien: Coburgi 1824. 8. 406 pp. (8 Rthlr. Scheible ;) Livre très-rare tiré à petit nombre; édit. augm. de notes et de variantes tirées d'un ancien manuscrit de la Bibliothèque du Duc de Cobourg. Le commentaire de Forberg est encore plus licencieux que le texte de son auteur. (24 Mk., expl. défectueux, Rosenthal.)

439 Parapilla, poème eu cinq chants, traduit de l'Italien (par Charles Bordes, de Lyon). A Florence, chez Cupidon (Lyon, Faucheux), 1776. 8. (Auch in Berlin.)
<small>56 pp. Freie Nachahmung der „Novella dell' angelo Gabriello", welche zuerst 1757 mit dem „libro perché" u. andern Schriften zusammen gedruckt erschien. — Frühere Ausg.: Parapilla ...., suivi de plusieurs pièces fugitives. Coni 1771. 12 Avec 5 figg. érotiques. (5 Mk., expl. n. rogné, Ackermann.) Le même. Avec les pièces fugitives de divers auteurs célèbres. A Croja d'Albanie 1780. 8. (In München.) Le même, et autres oeuvres libres, galantes et philosophiques, de M. B**. A Florence (Lyon) 1783. 8. Avec 5 figg. n. s. (20 fr. Bukowski; 40 à 50 fr. Cohen.)</small>

440 — Même ouvrage. A Londres (Paris, Cazin) 1782. 18. (25 à.30 fr. Cohen.)
<small>Avec 1 front. et 5 figg. érot., n. s., mais de Borel, gr. p. Elluin. L'édit. Cazin a reparu Florence 1784 (8 Mk., bel expl., Scheible) et 1790, et copiée ainsi que les figures en 1783 et 1784 à Lyon, in 8. et pet. in 12. (Cohen.) Autres éditions: A Florence (Maestricht, Dufour & Roux) 1778. 8., de 49 pp. et 1 feuillet blanc. (Vente Manderström II. no. 618.) Le même sous le titre: Parapilla, ou le V... déifié ...., aux dépens de toutes les communautés 100, 070, 079. (1779.) 8. Joli front. dans le goût de Marillier, représentant un jardinier portant un panier de fleurs recouvert d'une gaze à travers laquelle on distingue un Phallus avec cette légende: „Le pain bénit n'a pas meilleure mine." (Cohen.)</small>

441 **Paris.** — Code, ou nouveau Règlement sur les lieux de prostitution dans la ville de Paris. A Londres 1775. 8.

— Voir aussi Bordel patriotique, puis Chasteté (La) du Clergé dévoilée, et Constitution (La) de l'Hôtel du Roule.

442 — Cuisin, P., Les nymphes du Palais-Royal; leurs moeurs, leurs expressions d'argot, leur élevation, et décadence. A Paris 1815. 12. 1 fig. (In München; ex donatione regis Ludov. I.) (4 Mk. 80 Pf. Scheible.)

443 — Une Journée de Paris. A Paris. An 5. (1797.) 12.

— Ménage (Le) parisien, voir Restif de la Bretonne.

444 — Les Muses du Foyer de l'Opéra. Choix de poésies libres, galantes, satiriques et autres, les plus agréables qui ont circulé depuis quelques années dans les sociétés galantes de Paris etc. Au Caffé du Caveau (Belgique) 1783. 8.

— Voir aussi Porte-feuille de Mme. Gourdan.

445 — Représentations à Mr. le Lieutenant général de Police de Paris, sur les Courtisanes à la mode et les Demoiselles du bon ton. A Paris 1762. 8.

Paris — Petit-Neveu. 53

446 **Paris.** Touchard-Lafosse, G. (1780-1847), Chroniques des Tuileries et du Luxembourg. Physiologies des cours modernes. 2. édit. 6 tomes en 3 vols. Paris, Charles Lachapelle, 1838—41. 8.

447 **Parnasse libertin** (Le), ou Recueil de poésies libres. A Paillardisopolis, chez le Dru à l'enseigne de Priape, 1772. 8. (Texte encadré.) (16 Mk. Scheible.)
Dans ce recueil, peu commun, l'éditeur dit qu'il a essayé de réunir dans un volume ce qu'on a de mieux en fait de poésies libres. — Éd. antér.: Amsterdam, chez Cazals & Ferrand, 1769. 8. Éd. postér.: A Cythère, chez le Dru à l'enseigne de Priape, 1775. 12. Amsterdam, chez Cazals & Ferrand, libraires, 1783. 12. (Vente Manderström II. no. 545—547.)

448 **Parny**, (Evariste) Chevalier (V$\underline{\text{cte}}$) de (1753—1814), Poésies érotiques, par M. le —. A l'Isle de Bourbon (Paris, Pierre Didot) 1778. 12.
Autre éd.: Par Monsieur***, Chevalier de l'Ordre de l'Industrie et de la Gibecière. Londres 1781. Pet. in 12. (3 fr. Porquet.)

449 **Passe partout galant** (Le). A Constantinople, de l'imprimerie de Sa Hautesse, 1710. 12. (Auch in Stuttgart.) (1½ Rthlr. Maske; 2½ Rthlr. Asher.)
Recueil de contes facétieux et parfois même très-libres. — Nouv. éd.: Ibid. 1722. 12. 1 planche. (3 Mk. Osw. Weigel, Lpz.)

450 **Passe-Tems** (!) **agréable** (Le), ou nouveau choix de bonsmots, de poésies ingénieuses, de rencontres plaisantes.... Enrichi d'une élite des plus vives Gasconnades qui ne sont point dans les Gasconniana, et de quelques nouvelles histoires galantes, avec des réflexions. A Rotterdam 1728. Pet. in 8.
Éd. antér.: A Rotterdam 1709. Pet. in 8, de 405 pp. (5 Mk. Bielefeld); éd. II. ibid. 1711. Pet. in 8. (5 Mk. Kirchhofi & Wigand); ibid. 1715. 8. Front. gr. (6 fl. 36 kr. Rosenthal); ibid. 1719. Pet. in 8. 2 tom. (A Munich tome 2 seulement.)

451 **Petit-Maître Philosophe** (Le), ou Voyage et Avantures de Génie Soalhat, Chevalier de Mainvillers. 3 pts. A Londres 1752. 8. (Auch in Stralsund.)

452 **Petit-Neveu de Boccace** (Le), ou Contes nouveaux en vers (par Plancher de Valcour). A Amsterdam, chez Arkstée et Merkus, 1781. 8.
Ed. 1. ibid. 1777. 8. Avec très-jolies illustrations: 1 front., 1 fig. et 4 vign. par Desrais, gr. par Patas. (12 à 15 fr. Cohen.) Il existe des expl. sur

papier rose. — Nouv. éd., revue, corr. et considérablement augm. A Avignon (Paris) 1781. 8. Avec 6 figg. et 1 vign. (autrement placées) d'après Desrais. (Vente Manderström II. no. 644.) '(8 à 10 fr. Cohen.) Rep. à Amsterdam 1787. 8. 3 vols. (20 Mk. Scheible:) „Ces contes sont des badinages conleur de rose qui ne peuvent être lus que dans une société légère aprés un diner aux bougies et lorsque les valets sont congédiés."

453 **Philédon et Prothumie**, poème érotique, suivi de la sympathie, histoire morale. A Paris 1793. 12.

454 **Philosophe amoureux** (Le). Au Paraclet 1697. 8.

455 **Philosophe Nègre** (Le), et les Secrets des Grecs. Ouvrage trop nécessaire. A Londres et à Francfort 1764. 8.

456 **Philosophie par Amour** (La). 2 pts. Paris, Cailleau, 1766. 8.

457 **Pièces fugitives.** S. l. ni d. (17**). 8, de 28 pp.

458 **Pigault-Lebrun**, Charl.-Ant.-Guill. (né le 8 avril 1753 à Calais, † le 24 juillet 1835 à La Celle St. Cloud), Chrysostome, père du Jérôme. 2 tom. A Paris 1805. 8.

459 — La Folie espagnole. 4 tom. Ibid., Barba, An IX-1801. 12. 4 figg., n. s. (1 fl. 80. kr., sans figg., Taussig, Prag.)
Rep. ibid. 1820. 12. IV.

460 — L'Officieux, ou les Présens (!) de noces. 2 tom. Ibid. 1818. 8. 2 figg. p. Couché. (48 kr. Coppenrath, Regensb.)
Rep. ib. 1832. 12. II. — Contrefaçon: Bruxelles 1820. 8. (½ Rthlr. Scheible.)

— Deutsche Uebersetzungen der meisten Romane dieses beliebten Humoristen, Prototyp Paul de Kock's, s. bei Hayn, Bibl. Germanor. erot., 2. A., S. 236—37; 425.

461 **Pinctor**, Petrus, Tractatus de morbo gallico. Romae, Eucharius Silber, 1500. 4.
Opus rarissimum.

462 **Pindar,** Peter (i. e. John.Wolcott, 1738—1819), The Works, with a copious Index to which is prefixed some account of his life in 4 volnmes. London 1816. 8. (L. St. 1.—)
Containing: Supplicatory epistle to the reviewers. — Lyric odes to the royal academicians for 1782, 1783, 1785. — Farewell odes to the royal academicians for 1786. — The Lousiad Canto I. — The Lousiad Canto II. — Congratulatory epistle to James Boswell. — Bozzy and Piozzi, a town eclogue. — Ode upon ode, or a peep at St. James. — An apologetic postscript to ode upon ode. — Instructions to a certain poet laureate. Brother Peter to brother Tom. — Peter's pension, a solemn epistle. — Peter's prophecy. — Sir J. Banks and the emperor of Morocco.
Ed. I.: London 1787. 16 parts. 4. With 6 satirical engravings. (Lowndes 2 L. St. 10 d.) (20 Mk. Scheible.)

463 **Pindar**, P.— Additions to the works of Peter Pindar, containing 1. A poetical epistle to a falling. 2. Subjects for painters. 3. Expostulatory odes to a Great Duke and Little Lord. S. l. 1789. 8. 148 pp.
464 **Piron**, Alexis (1689—1773), Oeuvres badines. A Paris, chez les marchands de nouveautés. 1797. (1796?) 18. Avec (8) figg. (libres), n. s. (30 à 40 fr. Cohen.)
Rep. ibid. 1807. 18. Avec 1 fig. gr. et color. (10 fr. Bukowski.) Les mêmes, précédées d'une notice sur sa vie. Nouv. édit. Amsterdam (vers 1885). l'et. in 8. Pap. vélin. Front. gr. à l'eau-forte. (10 fr. Gust. Grimm, Budapest, en 1886.)
465 **Plaisir** (Le), rêve, poëme. A Otiopolis 1755. 8.
466 **Plaisir** (Le) **et la Volupté.** Conte allégorique (par Madeleine d'Arsant, dame de Puisieux, 1720—98). A Paphos (Paris) 1752. 8.
467 **Plaisir** (Du), ou du Moyen de se rendre heureux, par M. l'Abbé H. C. A. (Hennebert). 2 pts. A Lille 1764. 8.
Rep. ibid. 1765. 8. Front. gr. (2 fl. Gilhofer & Ranschburg, Wien.)
468 **Plaisirs de l'Amour** (Les), ou Recueil de contes, histoires et poèmes galants (par Lafontaine, Voltaire, Gresset, Bordes, Dorat etc.). 3 tom. Avec beaucoup de gravures charmantes. Au Mont.-Parnasse, chez Apollon, 1782. 16. (35 à 40 fr. Cohen; 10 fr. Schneider, Basel; sans grav.: 4 Mk. Scheible; 5 Mk. Ackermann.)
Recueil assez recherché, bien que les figg. (1 front. et 18 jolies grav., n. s., mais chastes, malgré le titre), soient presque toutes des copies de vignettes publiées antérieurement. Il existe des expls. de format in 12. (60 fr., pap. vél., Porquet ; 75 à 80 fr. Cohen.)
Cont.: Purapilla (voir ci-dessus); Joconde; Rosine; les dévirgineurs (voir ci-haut); les cerises; Alphonse; Euphrasie etc.
469 **Plaisirs** (Les) **et les chagrins de l'amour.** 2 pts. A Amsterdam 1722. 8.
470 **Plaisirs** (Les) **et peines.** 2 tom. A Paris 1801. 8.
471 **Plaisirs** (Les) **de la poésie galante,** gaillarde et amoureuse. S. l. ni d. 8.
472 **Plaisirs** (Les Vrais), ou les Amours de Vénus et d'Adonis (imité du 8ème chant de L'Adone del cavaliere Marino [voir ci-haut] par Fiéron et le duc d'Estouteville). A Paphos (Paris) 1748. 12.

56 Pleasures — Poggius.

Rep. à Amsterd., aux dépens de la compagnie (Liège, Bassompierre), 1750. 8. (3 Mk. G. Salomon, Dresden.) Ibid. 1751. 8. Front. gr. par de Meuse. (Vente Manderström II. no. 506.)
473 **Pleasures of Matrimony** (The), intermixed with a variety of merry and delightful stories. London 1701. 8.
Extremely scarce, as the next work.
474 **Poems** (New miscellaneous), with five love-letters from a Nun to a Cavalier. Done into verse. The third edition, with large additions. London 1714. 12.
475 **Poésies badines et galantes.** A Londres et à Paris 1757. 12. (6 fr. Claudin.)
Sur une jarretière; le barbier causeur; amour parfait; à Mlle. Chimène, danseuse de la foire; à une fille qui commence à se faner; à un mari dormeur; à un mari commode; à des dames dans une chambre remplie de tableaux galants; Vénus blanchisseuse; dispute de Jean Petit et de Jean Grand etc.
476 **Poésies érotiques**, publ. par P.-F. Tissot. 2 vols. Paris, Delaunay, s. d. (vers 1810?). 12.
477 **Poggius** Florentinus (i. e. Francesco Poggio Bracciolini, Philolog u. Historiker, geb. 1380 zu Terranuova, unweit von Florenz, † in letzterer Stadt, am 30. Octob. 1459), Facetiarum Liber. Mediol., Chp. Valdarfer, 1477. 4.
Teste Trithemio, a catalogo illustrium scriptorum rejiciendum est, quoniam ejus lectio devotos offendit, incautis nocet, et carnales inficit. Vide ejus librum de scriptoribus ecclesiasticis, fol. 105. (Bibl. Woog. Dresd. 1755. 8. p. 525.) Die ersten Drucke sind nach Goedeke, 2. A., I. p. 124: Fr. Poggii facetiarum liber. S. l. et a. (Romae, c. 1470). 4. 109 Bll. — S. l. et a. (Venetiis, c. 1470). Kl. Fol. 76 Bll. — S. l. et a. (Norimb., Fr. Creussner). Kl. Fol. 62 Bll. — Norimb., Fr. Creussner, 1475. Kl. Fol. 61 Bll.
478 — Idem opus. S. l. et a. (Norimb., Ant. Koberger). Fol. 45 Bll.
In München noch 3 verschiedene Drucke s. l. et a. 4. (wohl Nürnb., Creussner od. Koberger?).
479 — Idem opus. Liptzk, per Conr. Kachelofen, 1491. 4. (Auch in Marburg, Univbibl.)
480 — Idem opus. Venetiis 1500. 4.
Neue Ausg. erschien titulo: Poggii Florentini facetiarum libellus unicus, notulis imitatores indicantibus et nonnullis sive latinis sive gallicis imita-. tionibus illustratus (edente Fr. Jos. Noel, Ultrajact.). 2 voll. Londini 1798. 16. Gesuchte u. seltene Publication, mit zahlreichen bibliogr. Nachweisungen. (20 fr., bel expl., Claudin; 12 Mk. Köhler, Lpz.)
481 — Französ. Uebers.: Les facecies de poge (sic) translatees de latin en françois. A Lyon. s. d. 4.

482 **Poggius.**—Les mêmes, tit.: Les Contes de Pogge florentin, avec des réflexions. Amsterdam, Fr. Bernard, 1712. Pet. in 12. 4) à 50 fr. Cohen.)
Avec front. signé: Lanswelt invenit.
483 — Italien. Uebers.: Facetie. Venetia 1531. 8. (In München 4 Expl.)
484 — Gli stessi. Ibid. 1532. 8.
Englische Uebers. erst neuerdings: The Facetiae, or jocose tales of l'oggio. Now first translated into English, with the Latin text. Paris 1882. Gr. in 18. II. (28 Mk., 2 beaux vols., pap. de Holl., br. n. r., Scheible.)
485 — Historiae convivales disceptativae III. Argent. 1510. Fol.
486 — Idem opus. Ibid. 1511. Fol. (In München in duplo.) — S. auch Bebelius u. Frischlinus.
487 **Pona,** Franc. (geb. 1594, † um 1652), La galeria delle Donne celebri. Venetia 1663. 8.
488 **Poncino dalla Torre,** Le piacevoli e ridicolose Facetie di M—. Cremona, Tom. Vachello, 1582. 8.
489 **Porte-feuille** (Le) **de Madame Gourdan,** dite la Comtesse. Pour servir à l'histoire des moeurs du siècle, et principalement de celles de Paris (attrib. à Thévenot [- Theveneau] de Moraude). A Londres, chez Jean Nourse, libraire, 1783. 8. (6 Mk. Scheible.)
490 **Portraits** sérieux, galands (!) et critiques par le Sieur***. A Liège 1696. 8. (Auch in Stralsund.)
491 **Portsmouth.** — A complete Guide to the temple of Venus in Portsmouth and its environs. London and Portsmouth 1781. 8. Extremely scarce.
492 **Pot de chambre cassé** (Le). Tragédie pour rire, ou Comédie pour pleurer etc. Par Enluminé de Métaphorinville etc. (comp. par Grandval père). A. Ridiculomanie, s. d. (1742). 12. (9 Mk. Völcker.)
Les tragédies de cette époque sont tournées en ridicule. L'auteur a placé dans cette farce nombre de vers entiers empruntés à des pièces contemporaines, et il les a distingués en les imprimant en Italique. (Bibliogr. de l'amour, VI, p. 119—20.)
493 **Prangen,** Joh. Dan. (S. Theol. Cand.), Oscula sacra et profana. Ad. Luc. VII. v. 38. 45. Mindae 1688. 12.

"Nobiliss. Ampliss. Excellentiss. Dn. Francisco Dollen, Consil. Hass. diguissimo etc. consecrata." — Libellus rariss.

494 **Prasch,** Joh. Ludov. (Senator in Regensb., namhafter Philolog u. Jurist, 1637—90), Facetiae. Ratisbonae 1689. 8.
Ueber P. vide auch Haug, Frdr., Poet. Lustwald. Tübingen 1819. 8. p. 107—10, 294.

495 **Pratensis,** Jaso (-Jason a Pratis, Zyricaeus, Arzt aus Zürich), Sylva carminum adolescentiae. Antverp. 1530. 8.

496 — Libri II de uteris. Antverp., Mich. Hillenius, 1524. 4. (12 Mk., schönes Expl., Lehmann & Lutz, Frkf. a. M.)
64 nicht num. Bll., sign. A-Q. Titel m. schöner Holzschn.-Einfassung. Inh.: Buch I. 1. Variae opiniones de hominis generatione ac corruptione. 2. Ritus quarundam gentium in matrimoniis observati. (Bl. C 2a: Inaudita Messalinae libido.) 3. Embrionis formatio in utero. 4. Creatio animae. 5. De monstrorum ratione. 6. De gestatione plurium ac superfoetatione. 7. Natorum similitudo. 8. Tempus idoneum concubitus. 9. Indicia conceptus. 10. De tempore partus et embrionis situ in utero. — Buch II. enth. eine vollständ. Diaetetik in 8 Capiteln.

497 — Idem opus. Amstelod. 1657. 12.

498 — De pariente et partu liber. Ibid. eod. a. 12. (In München in duplo.)

499 — De arcenda sterilitate liber. Ibid. eod. a. 12.
Von demselben Arzt ist noch in München: De tuenda sanitate libri IV. Antverp. 1538. 4.; rep. ib. 1558. 4.

500 **Prémices d'Annette** (Les). (Poème en 10 chants.) Par M. (le général) de S***** (Serviez). A Londres et à Lausanne 1792. 12.
Rep. à Paris, chez Lucet, An IV. (1796.) 18. 1 fig. (Vente Manderström I. no. 301.)

501 **Pr . . . ade** (La), ou l'Apothéose du Docteur Pr . . ape. A Londres 1755. 8.

502 **Priapeia,** sive Diversorvm poetarvm in Priapvm lvsvs; illustrati commentariis Gasperis SchoppJ (1576-1649) Franci. L. Apvleii Madavrensis (geb. um 128 n. Chr.) Ανεξομενος, ab eodem illustratus. Adjunctae sunt Heraclii imp., Sophoclis sophistae, C. Antonii, Q. Sorani etc. epistolae de propudiosa Cleopatrae reginae libidine, nunc. primum editae. Francoforti (!) ad Moenum 1606. 12. (Auch in Nürnberg, Stadtbibl., ex Bibl. Solger. III. p. 442, wo die Jahrz. 1506 Druckf. ist.)

Vogt p. 612. — Frühere Samml.: Diversorvm vetervm in Priapvm lvsvs. — P. V.(irgilii) M. Catalecta. Veneliis, Aldus, 1534. 8. (48 Mk., veau fauve, tr. d, Baer, Frkft. a. M.)

503 **Priapeia,**— Alia editio. Acced. Jos. Scaligeri (1540-1609) in Priapeia comment. ac Frid. Lindenbruck in eadem notae. Patavii, G. Nicolaus (Amstelod.), 1664. Kl. 8. (In München in triplo) (3½ Mk. Auct. Davidson no. 5347; 9 Mk., kurzrand. Expl., Völcker; 18 Mk. Rosenthal.)

504 **Privilèges du Cocuage** (Les), ouvrage nécessaire tant aux Cornards actuels, qu'aux Cocus en Herbe. (Dialogue.) A Vicon, s. d. 12.
Autre éd.: Chez Jean Cornichon, à l'enseigne du Cocou (!) (Holl.), s. d. (vers 1700, à la sphère). Pet. in 12. Front. gr. (Vente Manderström If. no. 1122.) Nouv. éd. A Cologne 1708. 12. (6 Mk. Kirchhoff & Wigand.)

505 **Processus juris joco-serius,** in quo continentur I. Bartoli a Saxoferrato Processus Sathanae contra D. Virginem coram judice Jesu; annotationibus illustratus Vdalrici Tengleri. II. Jacobi de Ancharano s. Theramo Processus Luciferi contra Jesum coram judice Salomone, commentariis illustratus Jacobi Ayereri (!). III. Martialis Aruerni Aresta (sic) Amorum, sive Processus inter Amantes . . . ., adjectis Benedicti Curtii Symphoriani commentariis. Hanoviae 1611. 8. (1 fl. 12 kr. Ackermann; jetzt weit theurer!)
Vide quoque Martial d'Auvergne.

506 **Promenade** (La), ou l'Apothéose du Docteur Priape. A Londres 1755. 8.

507 Je suis **Pucelle.** Histoire véritable (par l'Abbé Henri-Jos. Dulaurens, 1719—97). 2 pts. A la Haye, chez Staatman, 1767. 12. (Manque partie 2 à Munich.) Ouvrage mis a l'index. (7 Mk., ensemble La Henriade travestie [par Fougeret de Montbron], 1746, Ackermann, Cat. 148.)

508 **Pucelle de Paris** (La). Poème en douze chants et en vers (par André Favin-Dubreuil). A Londres (Paris) 1776. 8. 1 fig. de Desrais, gr. p. Deny. (24 à 30 fr. Cohen.)

509 **Puttanismo Romano** (Il), ò vero conclaue generale delle puttane della corte, per l'elettione del nuouo pontefice. In Colonia (Holl., Elzev.) 1668. 12. (Auch in Zürich, Stadtbibl.) (4½ Mk. Heberle; 30 Mk. Scheible.)

240 pp. Cette satyre violente contre les religieuses et les moines, attrib.
à Gregorio Leti (1630—1701), se compose d'une suite de dialogues au parloir
d'un couvent, parloir où se commet nombre d'obscénités. (Pieters p. 432. no.
136.) S. 1. (Holl.) 1668. 8. (25 Mk. Scheible.) S. l. ni d. 8. 130 pp. (In
Berlin.) Lo stesso, tit. : Il Pvttanismo Romano, nuouamente ristampato con
l'aggiunta d'vn dialogo tra Pasquino e Marforio, sopra lo stesso sogetto
. . . ., con il nuouo Parlatorio delle Monache, satira comica di Baltassaro
Sultanini Bresciano (i. e. Greg. Leti). In Londra, per Tomaso Bret, 1669.
Kl. 8. (Vente Manderström II. no. 802.) (8 Rthlr. Scheible:) Dans la finestra
ottava le confesseur explique à soeur Dorothée les Dubbii lussuriosi de l'Arétin
etc. (voir ci-dessus). — Londar (sic) 1675. 12. (25 Mk. Scheible.)
Franzos. Uebers., tit.: Le Putanisme de Rome, ou le conclave général des
putains de cette cour, pour l'élection d'un nouveau pontife, trad. de l'Italien.
A Cologne (Elzev., à la sphère), s. d. (vers 1670). Pet. in 8. (In Berlin.)
(2 Rtblr. Scheible.) Englische Uebers., tit.: Il Putanismo di Roma; or the
history of the whores and whoredom of the popes. English by J. D. London
1670. 8. With frontisp. Rariss. (Ebenfalls in Berlin.)

510 **Puttanismo moderno** (Il), con il novissimo Parlatorio delle
Monache. S. l. 1677. Pet. in 12.

511 (**Quillet,** Claude) Calvidii Leti Callipaedia, seu de pulchrae prolis habendae ratione, poëma didacticon. Lugd.
Bat. (Paris.) 1655. 4. (1½ Rthlr. Maske, Breslau.)
Erste seltene Ausgabe mit den Versen gegen Mazarin. — Rep. Parisiis
1656. 8. (Brunet IV, 1018.) (5 Mk. Lesser, Breslau.) Idem opus sub tit.:
Callipaedia . . . . Sc. Sammarthani paedothrophiae, s. de puerorum educatione
liber. Londini 1708. 8. (3 Mk. Kirchhoff & Wigand) Ibid. 1709. 8. (1 Rthlr.
Maske.) Juxta exemplar excusum Parisiis apud Thomam Joly (Lipsiae) 1709.
8. 88 pp. (3 Mk. 60 Pf. Lehmann & Lutz.) Amsterd. 1743. (Lat. u. französ.)
8. (4 Mk. Lesser; 6 Mk. Scheible.) Parisiis 1774. (Lat. u. französ.) 8.
(2 Mk. Seligsberg, Bayreuth.)

512 — Idem opus sub tit.: Cl. Quilleti Callipaedia . . . .
C. uno et altero ejusdem autoris carmine. Londini 1708.
8. (3 Mk. Kirchhoff & Wigand.)
Eine neue Ausgabe besorgte L. Choulant. Lips. 1836. 12. — Französ.
Uebers.: La Callipédie. Ou l'art d'avoir de beaux enfans. Traduction nouvelle du poëme latin de Claude Quillet, par J.-M. Caillau (avec le texte latin).
Bordeaux, Pinard, an VII. (1799.) 12. Front. p. Pallière, papier fin. (Vente
Manderström II. no. 492.)

513 **Rambach, C.,** Thesaurus eroticus linguae latinae,
s. theogoniae, legum et morum nuptialium apud Romanos
explanatio nova. Stuttgardiae 1833. 8. maj. (6 Mk. Akkermann; 6 Mk. Rosenthal; 8 Mk. Scheible.)
Erotischer Sprachschatz der Römer. Mit mehreren Tausend Citaten aus
Dichtern u. Prosaikern, Studien u. kritischen Erläuterungen. (Lateinisch.)
312 S. Vergriffen.

514 **Rambler's Magazine** (The); or the Annals of gallantry, glee, pleasure, and the bon ton. Vol. 2., for the year 1784. London, Lister. Gr. 8. With numerous plates.
515 **Rapsodie galante** (La). A Londres 1760. 8.
516 **Ravisseur** (Le Faux), ou les Caravanes galantes du C.... (Chevalier) d'Abbeville. Par M. L. Le M. 2 tom. Paris, Le Prieur, l'an II. (1794.) 8. 2 figg., n. s. (6 à 7 fr. Cohen).
Éd. antér.: A Hambourg, aux dépens de la société (Liège, Bassompierre), 1755. 8. (In Stralsund.) (²/₃ Rthlr. Maske; jetzt theurer!)
517 **Recreation for ingenious Head-pieces.** Or a pleasant grow for their Wits to walk in. London 1650. 8. Rariss.
518 **Recueil de comédies** et de quelques chansons gaillardes. Imprimé pour ce monde, 1775. Pet. in 12.
Collection rare, cont. e. a.: Le tempérament, tragi-parade. — Léandre et Nanette, ou le double qui pro-quo. — Le bordel, ou le Jean-Foutre puni. — Le mal d'aventure. — La comtesse d'Olonne. — La nouvelle Messaline. — Le luxurieux.
Autre éd.: S. l. 1776. Pet. in 12. (In Marburg, Univbibl.) (6 Rthlr. Scheible.)
519 — Le même. Imprimé pour ce monde, 1795. Pet. in 12.
520 **Recueil des Frivolités galantes.** A Cologne chez Pierre Marteau, 1759. 8.
521 **Recueil de nouvelles Poésies galantes,** critiques, latines et françoises. 2 pts. A Londres, cette présente année (vers 1740). 8. (98 fr. vente Solar; 6 Mk. Ackermann; 15 Mk. Scheible.)
Recueil rare, recherché et très-curieux, à cause des pièces charmantes en patois bourguignon.
522 **Restif** (ou Rétif) **de la Bretonne,** Nic.-Edme (né en 1734, † en 1806), Adèle de Com ...., ou lettres d'une fille à son père. 5 vols. A Paris 1772. 12.
523 — L'Andrographe, ou idées d'un honnête-homme, sur un projet de règlement proposé à toutes les nations de l'Europe, pour opérer une réforme générale des moeurs. 2 pts. A La Haye 1792. 8. (4½ Mk. vente Gutekunst [Stoutgart, mai 1886] no. 4685; 10 Mk. Scheible.)
524 — La Découverte australe, par un Homme-volant, ou le Dédale français, nouvelle très-philosophique, suivie de

62 Restif.

lettre d'un singe, etc. Imprimé à Leipzick et se trouve à Paris, s. d. 1781. 4 vols. 12. 4 front., dont 1 double, et 19 figg. n. s. (60 à 80 fr. Cohen p. 503:)
„Cet ouvrage est l'un des plus bizarres de Restif et l'un des moins communs. Sur le faux-titre du 1er. vol.: „Oeuvres posthumes de N•••••••, la Découverte australe ou les Antipodes: avec une estampe à chaque fait principal, 1781." Les figg. ne paraissent pas être de Binet. Les expls. 'où se trouvent les ff. 337 à 422, contenant 5 diatribes, dont la suppression fut ordonnée par la police, sont fort rare, suivant P. Lacroix. — En maroquin rouge, 200 fr., cat. Fontaine. — En ancien mar. r., 115 fr., vente Turner.

525 **Restif** (ou Rétif) **de la Bretonne**, N.-E., La Fille naturelle. 2 pts. A La Haye 1769. 12. (6 Mk., bel expl., Albert Cohn.)

526 — Même ouvrage. 2 pts. A La Haye et à Lausanne, chez Fr. Grasset & C., 1776. 12.

527 — Les Françoises, ou XXXIV exemples choisis dans les moeurs actuelles propres à diriger les filles, les femmes, les épouses et les mères. 4 vols. Avec 34 figg. numérotées (par Binet, ou non signées, et gr. p. Giraud l'aîné, ou n. s.). A Neufchâtel et à Paris, chez Guillot, 1786. 12. (60 Mk., expl. très-propre, avec témoins, cart. du temps, Albert Cohn; 60 à 70 fr. Cohen p. 504.)

528 — Les Gynographes, ou idées de deux honnêtes femmes sur un projet de règlement proposé à toute l'Europe, pour mettre les femmes à leur place, et opérer le bonheur des deux sexes; avec des notes historiques et justificatives, suivies des noms des Femmes célèbres. Recueillis par N.-E. Rétif de la Bretonne, éditeur de l'ouvrage. 2 pts. A la Haye et à Paris 1777. Gr. in 8. (4½ Mk. vente Gutekunst no. 4686; 12 Mk. Scheible.)

529 — Mémoires (Les nouveaux) d'un homme de qualité. 2 vols. A La Haye 1774. 12.

530 — Le Ménage parisien. 2 pts. Ibid. 1773. 12. (L' expl. de la bibl. de Munich est incomplet du tome 1.)

531 — Le Mimographe, ou idées d'une honnête-femme pour la réformation du théâtre national. A Amsterdam et à La Haye 1770. 8.

532 Restif (ou Rétif) **de la Bretonne**, N.-E., Le Pornographe, ou idées d'un honnête-homme sur un projet de règlement pour les Prostituées. propre à prévenir les malheurs qu'occasionne le publicisme des femmes. Avec des notes historiques et justificatives. A Londres et à La Haye 1770. 8. (In München in triplo.) (5½ Mk. vente Gutekunst no. 4684.)
<small>Éd. antér.: Ibid. 1769. 8. (20 Mk. Scheible.) Le même, avec un appendice: Lit de justice d'amour, ou le Code de Cythère. Ibid. 1776. 8. (Osw. Weigel, Lpz., Cat. 15. en 1884. no. 582, ensemble plusieurs ouvrages de R., nommés ci-haut.) Réimpression, accomp. de notes historiques et justificatives, et augm. d'une étude critique par le Docteur Mirenr de Marseille. Bruxelles 1879. 12. Pap. vergé de Holl., front. à l'eau-forte. (10 fr. Gust. Grimm, Budapest; 9 Mk. L. M. Glogau Sohn, Hamburg.)</small>

533 — La prévention nationale: Action adaptée à la scène; avec 2 variantes et les faits qui lui servent de base. 3 tom. Avec (10) figg. n. s. A La Haye et à Paris, chez Regnault, 1784. 12. Titres ornés. (40 à 50 fr. Cohen:)
<small>„A la fin du 3. vol. se trouve la correspondance de Restif avec Mlle. de Saint-Léger, plus tard Mme. de Colleville, qui a composé des comédies et des romans."</small>

534 — La Thesmographe, ou idées d'un honnête-homme sur un projet de règlement proposé à toutes les nations de l'Europe, pour opérer une réforme générale des loix. 2 pts. A La Haye 1789. 8. (In München?) (4½ Mk. vente Gutekunst no. 4687.)
<small>Deutsche Uebersetzungen anderer Werke R's s. bei Hayn, Germ. Bibl. erot., 2. A., S. 31, 229, 252—54.
Biographisches u. Literarisches: Boissin, Firmin, Restif de la Bretonne. Paris 1825. 8. (Tiré à 150 expls. seulement.) Wolff, O. L. B., allgem. Geschichte des Romans. Jena 1841. 8. S. 310—48; Monselet, Charl., Rétif de la Bretonne, sa vie et ses amours, documents inédits avec un beau portrait gr. p. Nargeot. Paris, Aug. Aubry, 1858. 12. Rare. (15 fr., bel expl. n. r., Porquet, Paris); Jacob, P-L. (Paul Lacroix), Bibliographie et iconographie de tous les ouvrages de Rétif de la Bretonne, comprenant la description détaillée des éditions originales, des réimpressions etc. Avec le portrait de R. Paris, A. Fontaine, 1875. 8. (Édition de 500 expls. Épuisé chez l'éditeur.) (30 Mk. Scheible); Oubliés et dédaignés. Paris 1885. Gr. in 8. (15 fr.) Cont. e. a.: Rétif de la Bretonne. (8 Mk. Baer.)</small>

535 **Retraite** (La), les Tentations et les Confessions de Mme. la Marquise de Mont-Cornillon. Histoire morale. Ouvrage posthume de feu M. de Saint-Leu, colonel au service de Pologne (comp. par l'Abbé Jos. Duvernet).

Reukwerk — Sade.

S. l. 1790. 8. 1 fig. n. s., dans le genre de Desrais. (10 à 12 fr. Cohen.)
Un autre ouvrage du même auteur a paru antérieurement: Les Dévotions de Mme. de Betzamooth et les pieuses facéties de M. de Saint-Ognon. S. l. (Paris) 1789. 8. 1 fig. n. s., dans le genre de Desrais. (10 à 12 fr. Cohen.)
Rettorica (La) delle puttane, voir Pallavicino, F., opere scelte 1673.

536 **Reukwerk** (Het) van Venus, zynde een verzameling van koddige snakerytjes, zeldzamen voorvallen, en uitmuntende Puntdichten. Met aardige Platen. Gedrukt op het Eiland der Verliefden. 1750. 8.
So gut wie unbekannte Rarität.

537 **Rittershusius**, Geo. (Jurist, churfl. brandenb. Lehnsrath, geb. um 1595, † nach 1650), Dissertatio de Osculis jucunda historico-philologica. Auctore Georgio, Cunradi filio, Rittershusio. Francof. ad Viadr. 1621. 12.
Libellus valde rarus.

538 **Rochester** (John Wilmot), Earl of (bekannter Satyriker, geb. 1647, † 1680), Works. London 1735. 8. With cuts.

539 — The same book in 2 vols. Ibid. 1739. 8. With cuts.
Die erste Ausg. seiner Gedichte erschien titulo: Poems on several occasions by the right honourable the E. of R — — —. Printed at Antwerp. 1680. 8. 151 pp. (125 fr. Bukowski.) Rep. London 1685. 8.

540 **Rome galante**, ou histoire secrète sous' les règnes de Jules César et d'Auguste (par deMailly). 2 pts. A Paris 1668. 8.
Rep. ibid., chez Jean Guignard, 1696. 8. II. 166 et 172 pp. Avec 1 front. (Harrewyn fec.).

541 **Rosella**, ou les effets des romans. Par M***. 4 tom. A Paris 1801. 8.

542 **Rosette**, ou la Fille du monde philosophe. 2 pts. A Rotterdam 1767. 8.

543 **Rover's Magazine** (The). Number III. for March 1787. S. l. 8. With strange prints.

544 **Sade**, Donatien-Alphonse-Franç, Marquis de (geb. 2. Juni 1740 zu Paris; am 11. Sept. 1772 wegen Sodomiterei zum Tode verurtheilt, aber erst 5 Jahre später festgenommen u. in Vincennes eingekerkert; von hier nach der Bastille u. später (1800) nach Charenton bei Paris gebracht, wo er

Sade. 65

am 2. Dezbr. 1814 im Hospitale starb.), Les crimes de
l'amour, nouvelles héroïques et tragiques, précédées d'une
idée sur les romans par D.-A.-F. Sade, auteur d'Aline et
Valcour, et ornées de gravures (4 frontispices n. s.). 4 tom.
Paris, Massé, An VIII. (1799—1800.) 12. (40 à 50 fr.
Cohen.)
<small>Réimpression, avec une notice bio-bibliogr. du M. de S., l'homme et ses écrits et du discours prononcé par le M. de S. à la section des Piques. Bruxelles 1881. 8. (Tiré à 500 expls. seulement.) (10 Mk. Ackermann.) Le roman cité sur le titre ci-haut a paru 1793: Aline et Valcour, ou le Roman philosophique, écrit à la Bastille, un an avant la Révolution de France, 1793 (avec un nouveau titre, 1795). 8 pts. (en 4 vols.). Avec 16 figg. et 8 faux-titres. (60 à 70 fr. Cohen p. 528:) Sur certains titres on lit: Orné de 14 grav., par le citoyen S***. Paris, Girouard; sur d'autres: Orné de 16 grav. Paris, veuve Girouard. — Nouv. éd. avec planches parut à Bruxelles 1881. 8.</small>

545 **Sade,** Marquis de, Justine, ou les Malheurs de la Vertu.
2 pts. (en 1 vol.) avec des gravures. En Hollande, chez
les libraires associés. 1791. 8. 1 front. p. Chéry, sous
la direction de Carée.
<small>Édit. orig. fort rare. — Cohen p. 529: L'éd. de 1791, impr. in 12. cont. le frontisp. réduit et retourné, par Chéry, gr. p. Texier, et 12 figg. libres avec encadrements à têtes de mort, chaînes et instruments de supplices, qui sont de format in 16. ou in 18. (Expl. cplt. de 300 à 400 fr.) Le même, Londres (Paris, Cazin) 1792. 11. 18. 1 front., réduction de celui de l'éd. précédente et 5 fig. libres, n: s. (200 à 250 fr.) Un des ouvrages les plus rares de la collection Cazin. Il en existe une imitation ou contrefaçon, en 4 vols., avec 4 jolis front. En Hollande, 1800. (80 à 100 fr.) 3e. édit., corr. et augm. A Philadelphie (Paris) 1794. II. 18. 6 figg. (30 Rthlr. Scheible; 80 à 100 fr. Cohen.) Le même. Paris 1836. Gr. in 8. (8 Rthlr., éd. sans grav. Scheible.)</small>

546 — **La Nouvelle Justine,** ou les Malheurs de la Ver-
tu, suivie de l'Histoire de Juliette, sa soeur, ouvrage
orné d'un frontispice et 40 sujets gravés avec soin (lithogr.).
4 tom. En Hollande (Paris, vers 1830). 12. (30 Rthlr.
Scheible; 40 fr. Bukowski.)
<small>Éd. antér.: La Nouvelle-Justine...., ouvrage orné d'un front. et de cent sujets gravés avec soin (en réalité la plupart très-médiocres, surtout celles de Juliette, n. s.). 10 vols. En Hollande (Paris) 1797. 18, dont 4 de Justine et 6 de „Juliette, ou les Prospérités du Vice." (100 Rthlr. Scheible [les 100 gravures séparément, 10 Rthlr., le même libraire]; 125 fl. Ackermann; 400 à 500 fr. Cohen:) Il existe 2 éditions de „(la nouvelle) Justine" sous la même date. Celle qui est à préférer, qui est la première et qui passe pour avoir</small>

5

été imprimée par D . . . t (Didot?), se reconnaît à ce que les caractères de
„Justine" sont plus nets, et que le texte est beaucoup plus correct.
Il y en a des réimpressions modernes qui portent toujours: En Hollande
1797. Les figg., copiées d'après la 1ère. éd., sont lithographiées pour „Justine"
seule, ou gravées soit au trait, soit en taille-douce, pour „Justine" et „Juliette",
mais mauvaises. (Cohen p. 529.)
Cfr. Villers, C., Lettre sur le roman: Justine, ou les Malheurs de la Vertu.
Paris 1877. 12. (1 Mk., br., Ackermann.) Voir aussi: Justine und Juliette.
oder die Gefahren der Tugend und die Wonne des Lasters. Kritische Ausgabe (aber keine Uebers.) nach d. Französ. des Marquis de Sâde. Leipzig,
Carl Minde, o. J. (1874). — A. E.: Druck von Ernst Sorge in Arnstadt. S.
155 S. (2 Rthlr. Benny Glogau, Hamburg, c. 1878.) Cohen cite encore comme
ouvrage (presque introuvable) de Restif: L'Anti-Justine. 2 pts. 1798. 12.

547 **Sade, Marquis de, La Philosophie dans le Boudoir**,
ouvrage posthume (prétendu) de l'auteur de Justine. 2 vols.
A Londres (Paris), aux dépens de la Compagnie, MDCCXCXV
(sic pour 1795). 18. 1 front. u. s., et 4 figg. libres, assez
médiocres. (30 à 40 fr. Cohen.)
Réimpression sous le titre: La Philosophie dans le Boudoir, ou les instituteurs libertins. Dialogues destinés à l'éducation des jeunes demoiselles.
2 tom. avec grav. érotiques. Ibid. eod. a. (1795, non pas 1805). 8. (36 Mk.
Scheible.)
Voir aussi: Die Schule der Wonne. Aus d. Französ. des Werkes „La
philosophie dans le boudoir." Leipzig. Carl Minde (c. 1878). 12. (Kritische
Erört., keine Uebers.) (3 Mk. Fischhaber; 3½ Mk. Bielefeld.)
Biographisches u. Literarisches: Janin, Jules, Le Marquis de Sade. La vérité
sur les deux procès criminels du Marquis de Sade, par le bibliophile Jacob
(Paul Lacroix). Le tout précédé de la bibliographie des œuvres de Sade.
Avec portrait. Paris 1834. 8. (4 Mk. 80 Pf. Scheible.) Deutsch: Der
Marquis von Sade. Nach d. Französ. des Jules Janin. Leipzig 1835. 8.
(18 Sgr. Scheible.) — Wolff, O. L. B., allgem. Geschichte des Romans. Jena
1841. 8. S. 333. — Le Marquis de Sade, l'homme et ses écrits. Étude
bio-bibliographique. A Sadopolis, chez Justin Valcourt, rue Juliette à l'enseigne
de la vertu malheureuse, l'an 1000 (Bruxelles 1866). 12. Très-rare. (2 Rthlr.
Scheible.) — Bibliogr. de l'amour, tome IV. — L'Auteur des crimes de l'amour
à Villeterque, Folliculaire; avec notices biographiques et bibliographiques.
Bruxelles 1870. 8. (Réimpress. d'une pièce tort rare.) — L'Intermédiaire
des chercheurs et des curieux, 1874, p. 516 à 518, article de M. Assézat.

548 **Sagettes (Les) et Ruses d'Amour.** A Paris 1599. Pet. in
8. Rariss.

549 **Sanchez**, Thom., soc. Jes. (geb. 1550 zu Cordova, † 1610
in Granada), Disputationum de Sancto Matrimonii
Sacramento libri VII, auctore Thoma Sanchez Cordubensi, e soc. Jesu. Genuæ 1602. Fol.
Vogt: „Liber spurcissimus. Opus non gloriandum sed pulendum et rara
Veneris bibliotheca." — Bibliogr. de l'amour III. p. 72: „Quoique moins

scandaleuse que Sim. Schroeer, Thomas Sanchez n'est pourtant pas un modèle de discrétion pudibonde, et, d'après Leber, no. 192, quelques chapitres de ce livre, indiscrètement consultés, feraient bien du ravage dans un séminaire." — Claudin: „Livre recherché et des plus curieux où sont discutées et développées les questions maechialogiques les plus singulières et les plus scabreuses."

550 **Sanchez**, Thom., ejusd. operis tomi III. Autverpiae 1607. Fol. (Tomus 3 fehlt in München.)
Lugdnni 1612. III. Fol. (15 Mk., expl. fatig., Rosenthal.)

551 — — Antverp. 1614. Fol. (Nur Tom. 1 u. 2 in München.)
Venetiis 1614—19. III. Fol. (18 Mk. Scheible.) Antverp. 1617. III. Fol. (10 Mk. Seligsberg.) Venetiis 1619. IlL Fol. C. triplici indice. (12 Mk., expl. fatig., Rosenthal.)

552 — — Antverp. 1620. Fol.
Matriti 1623. III. Fol. (In Stralsund.)

553 — — Antverp. 1626. Fol. (5 fl., expl. fatig., Beck, Nördlingen.)
Editio optima, Superiorum auctoritate correcta. — Rep. Lugduni 1637. III. Fol. (15 Mk. Scheible.) Venetiis 1643. III. Fol. (20 fr. Claudiu.) Antverp. 1652. III. Fol. (15 Mk. Scheible; 5 fl. 48 kr., expl. fatig., Beck.)

554 — — Lugduni 1669. Fol.

555 — — Avenione 1689. Fol.
Venetiis 1693. III. Fol. (15 Mk., expl. n. r., Rosenthal.)

556 — — Venetiis 1712. Fol.

557 — — Ibid. 1726. Fol.

558 — — Lugduni 1739. Fol. (11 Mk. Seligsberg.)

559 — Compendium totius tractatus de Sancto Matrimonii Sacramento. Colon. 1623. 12.
Vogt: „Liber spurcissimus et rara Veneris bibliotheca." — Bibliogr. de l'amour: Sanchez traite en détail des matières obscènes peu utiles pour l'instruction de son lecteur; c'est dans la 1ère partie que se trouve, par exemple, le fameux examen de l'opération du Saint-Esprit." — Rep. ibid. 1624. 12. (In Schaffhausen.) (1 fl. 18 kr. Rosenthal.)

560 — Idem opus, auctore Em. Laur. Soares (i. e. Thom. Sanchez). Venetiis 1625. 12.
Ein ähnliches Werk gab heraus: Pontius, Basil., Legionensis, o. Aug. Salmant., De Sacramento Matrimonii; c. append. de Matrimonio catholici c. haeretico. Nunc primum in Gallia prodit. Lugduni 1640. Fol. 720 pp. Hunter I. 683: Opus classicum in quo „spicas colligit a magno collectore (Sanchez) relictas." (15 Mk. Rosenthal.)

561 — Aphorismi .... de Matrimonio doctrinam continentes. Graecii 1641. 8. (In München in duplo.)

562 — Idem opus. Francof. ad Moen. 1712. 8.

Biographisches u. Literarisches über Sanchez: Backer, Augustin et Alois de, s. J., Bibliothèque des écrivains de la Compagnie de Jésus, de tous les ouvrages publiés par les membres de la Comp. jusqu'a nos jours et des apologies, controverses relig., oritiques, littér. et scientif. suscitées à leur sujet. 7 vols. Liège 1853—61. 4. (76 Mk., très-bel expl. br., Rosenthal.) (Voir vol. III.) — Brunet, manuel du libraire. — Carayon, Aug., s. J., Bibliogr. historique de la Comp. de Jésus, ou catalogue des ouvrages relatifs à l'hist. des Jésuites. Paris 1864. 4. (27 Mk., expl. sur pap. à écrire. br. n. r., Rosenthal.) — Index libror. prohib. S. Benedicti XIV. jussu recognitus, atque editus. Romae 1761. 8. (3 Mk. Rosenthal.) Idem liber. Mechlin. 1855. 8. (5 Mk. Derselbe.)

563 **Sanfrein,** ou Mon dernier séjour à la Campagne (par Tiphaigne de Laroche). A Amsterdam (Paris) 1765. 12.

564 **Sansonnet** (Le) badin, agréable et utile. Ouvrage périodique. Tome 1. A Amsterdam 1743. 8.

565 **Sapho** (La Nouvelle), ou Histoire de la Secte Anandryne, publiée par la C. R..... (citoyenne Raucourt), ornée de 6 figg. (libres). A Paris, de l'imprimerie de P.-F.-Didot, l'an 2. (1794.) 8.
Éd. antér : Ibid. 1793. 8, de 162 pp. Avec 1 front. et 6 figg. n. s. (12 à 15 fr. Cohen.)

566 **Saroutaki et Alibek.** Histoire, traduite du Persan. 2 pts. A l'Orient 1782. 12. (1½ Mk. G. Salomon, Dresden.)

567 **Scènes champêtres** et autres ouvrages du même genre, par M. P*** (Perreau). A Londres et à Paris chez Desanges, 1785. 18. Titre gr. n. s. (4 à 5 fr. Cohen; 3 Mk. Lehmann & Lutz.)

568 **School of Venus** (The), or Cupid restored to Light, being a history of Cuckolds and Cuckoldmakers. London 1716. 8.
Extremely scarce.

569 **Schregerus,** Odilius, Benedictinus in exemto Monast. Ensdorf (- Odilo Schreger, o. S. Ben., geb. 2. Novbr. 1697 zu Schwandorf im Herzogth. Neuburg, † 21. Sept. 1774 als Prof. d. Theol. u. Prior des Klosters Ensdorf, Oberpfalz), Studiosus jovialis, seu auxilia ad jocose et honeste discurrendum. Ed. II. Monachii et Pedeponti, Gastl, 1751. Kl. 8. (In München in duplo.) (1 Mk. Beck.)
Lat. u. deutsche Schwänke, Witze, Sprichwörter, Räthsel. Zahmen Inhalts. — Zuerst gedr. 1749. — Ed. III. Pedeponti 1752. 8. (Cfr. Küchelbecker, Fr., Mumien. Bd. 2. Penig 1803 8. S. 225.)

570 — Idem liber. Ed. IV. Pedeponti 1755. Kl. 8.

Ed. V. ib. 1771: ed. VI. 177*: ed. VII. Aug. Vindel. 1773. 8. (1½ Mk.
Levi, Stuttg.: ⅔ Rthlr. Heberle, Cöln.)
S. über Schreger: Baader, Cl. Al., Lexikon verstorb. baier. Schriftst., :. 2.
Augsb. u. Lpz. 1824. 8. S. 224—25.

571 **Schurigius** (Schurig), Dr. Martin (Stadtphysicus in Dresden), Chylologia historico-medica, hoc est, chyli humani, sive succi hominis nutriti consideratio physico-medico-forensis, qua appetitus nimii et voracitatis, cultrivororum et vitrivororum .... exempla recensentur. Dresdae 1725. 4. 911 pp. (Auch in Marburg, Univbibl.) (1½ fl. Brockhausen & Bräuer, Wien; 6 Mk. Scheible.)
Schurig's Schriften sind merkwürdig und gesucht; sie steigen im Preise!

572 — Embryologia historico-medica, hoc est, infantis humani consideratio physico-medico-forensis, qua ejusd. in utero nutritio, formatio etc., deinde ex utero egressus praematurus et serotinus, partus difficilis post matris mortem, numerosus et multiplex, denique partus caesareus et ..., puerperarum tortura. Dresdae et Lipsiae, Chr. Hekelii filius, 1732. 4. 950 (920?) pp. (Auch in Marburg, Univ.-Bibl.) (1 Rthlr. Richter & Harrassowitz, Lpz.; 6 Mk. Scheible.)
Ed. I. ibid. 1729. 4. (1½ Rthlr, Scheible, Cat. 43, p. 49.)

573 — Gynaecologia historico-medica, hoc est, congressus mulieris consideratio physico-medico-forensis, qua utriusque sexus salacitas et castitas, deinde coitus ipse ejusque voluptas et varia circa hunc actum occurrentia, nec non coitus ob atresiam seu vaginae imperforationem et alias causas impeditus et denegatus, item nefandus et sodomiticus. Ibid. 1730. 4. 418 pp. Curiose Abbildung auf p. 227. (Auch in Marburg, Univbibl.) (10 Mk. Jos. Baer & Co., Frankf. a, M.; 10 Mk. Scheible.)
De pudicitia, voluptate in coitu, puellarum congressu, stupro in somno etc. Die folgende Schrift Schurig's fehlt in München: Haematologia historico-medica, hoc est, sanguinis consideratio physico-medico-curiosa, qua non solum ipsius materia et circulatio chyli, sanguificatio, motus ac circulatio, partes et color, item ejusd. excretio praeternaturalis etc. Ibid. 1744. 4. (In Marburg 2 Expl.) (6 Mk. Scheible.)

574 — Lithologia historico-medica, hoc est, calculi humani consideratio physico-medico-curiosa. Ibid. 1744. 4.

575 **Schurigius,** Dr. Mart., Muliebria historico-medica, hoc est partium genitalium muliebrium consideratio physico-medico-forensis.... nec non varia de clitoride et tribadismo, de hymene etc. Ibid. 1729. 4. 384 pp. (1⅓ Rthlr. Richter & Harrassowitz; 10 Mk. Scheible.)

576 — Parthenologia historico-medica, hoc est virginitatis consideratio.... Ibid. 1729. 4. 384 pp. (3 fl. Brockhausen & Bräuer; 10 Mk., schönes Expl., Scheible; 15 Mk. zus. mit „Gynaecologia" u. „Muliebria", Rosenthal in München.)
De pubertate et menstruatione, de dubiis virginitatis signis, de partium genitalium muliebrium consutione et infibulatione, etc.

577 — Sialologia historico-medica, hoc est, salivae humanae consideratio physico-medico-forensis, qua ejus natura et usus, morsus brutorum et hominis, rabies et hydrophobia etc. Ibid., haeredes Miethii, 1723. 4. 406 pp. (6 Mk. Scheible; 12 Mk. zus. mit der „Chylologia", Ackermann.)

578 — Spermatologia historico-medica, hoc est, seminis humani consideratio physico-medico-legalis, qua ejus natura, et usus insimulque opus generationis et varia de coitu aliaque huc pertinentia, de castratione, herniotomia, phimosi, circumcisione, recutitione et infibulatione, item de hermaphroditis et sexum mutantibus, raris et selectis observationibus traduntur. Francof. 1720. 4. 721 pp. (Auch in Marburg, Univbibl.) (1 Rthlr. Heberle, Cöln; 6 Mk. 20 Pf. Auct. Davidson no. 5382; 7½ Mk. Koebner, Breslau; 2 fl. 60 xr. Brockhausen & Bräuer; 8 Mk. Scheible.)

579 — Syllepsilogia historico-medica, hoc est, conceptionis muliebris consideratio physico-medico-forensis, qua ejusdem locus, organa. materia, etc., signa et impedimenta, deinde didymotokia, seu gemellatio, superfoetatio et embryotokia, et denique varia de graviditate, vera, falsa, occulta et diuturna, raris et curiosis observationibus traduntur. Dresdae et Lipsiae, Chr. Hekelii filius, 1731. 4. 656 pp. (Auch in Marburg, Univbibl.) (8 Mk., schönes Expl., Scheible; 10 Mk., zus. mit der „Embryologia", Koebner.)

580 **Sharrock**, Rob. — Roberti Sharrockii Judicia, seu legum censurae de variis incontinentiae speciebus, 1) adulterio, 2) polygamia et concubinatu, 3) fornicatione, 4) stupro, 5) raptu, 6) peccatis contra naturam. 7) incestu, 8) gradibus prohibitis. Editio secunda. Tubingae, apud J. G. Cottam, 1667. 12.
<small>Volumen rarum. — Ed. I. 16**?</small>

581 **Simien** (i. e. Laus de Boissy, Lieutenant de la Counetablie, ancien soi-disant secrétaire du Parnasse), Les Filles Femmes et les Femmes Filles, ou le Monde changé; conte qui n'en est pas un. — Les quinze minutes, ou le tems bien employé, conte d'un quart d'heure. Au Parnasse, par les libraires associés. (Liège, Bassompierre?) 1751. 8. (5 Rthlr. Weigel; 30 fr. Cat. Bignon; 10 Mk. Scheible; 11 Mk. Ackermann.)

582 **Simon**, Joh. Geo. — Johannis. Georgii. Simonis. Brevis. Delineatio. impotentiae. conjugalis. hactenus. desiderata. nunc. vero. denuo. revisa. et in. lucem. edita. Jenae, typis S. A. Mülleri, 1672. 4.

583 — Idem opus. Ibid. 1682. 4. (Auçh in Stralsund.)
<small>Ed. III. c. 1700. — Ed. IV. Ibid. 1718. 4. 162 pp. (1 Mk. Bielefeld.)</small>

584 **Soeur Adelaide** (La), ses égarements, ses vertus, ses foiblesses et son repentir. A Basle 1785. 8.

585 **Soirées** (Les) de quelques **Religieuses** de l'Abbaye de ***. A Genève 1786. 8.

586 **Solitaires** (Les) **en belle humeur**. Entretiens recueillis des papiers de feu M. le Marquis de M***. 2 vols. Avec grav. A Paris, dans la grande salle du Palais, au pilier des Libraires. 1722. 12. Front. et 16 figg. u. s. (10 à 12 fr. Cohen; 6 Mk. Ackermann.)
<small>Livre peu commun, renfermant des anecdotes et récits libres. — Nouv. édit. 3 vols. Utrecht 1741. 12. (7½ Mk. Kirchhoff & Wigand; 15 Mk. Scheible.)</small>

587 **Song Book the man of pleasure's**, or the festival of Venus. London, s. a. (17**). 8.
<small>Extrao dinary scarce, as the 2 next collections.</small>

588 **Songs, Duetts, Trios**, etc., in the new Comedy of Two to One. London 1785. 8.

589 **Sports of Venus**, The nightly, or the pleasures of Coition. With the humorous tale of the three Monks. With prints. London, s. a. (17**). 8. Rarissime.
590 **Steglehner**, Dr. Georgius, De hermaphroditorum natura tractatus anatomico-physiologico-pathologicus. C. 2 tabb. Bambergae et Lipsiae, Kunz, 1817. Gr. 4. (1 Mk. 80 Pf. Ackermann; 1 Mk. 80 Pf. Auct. Davidson no. 3970.)
591 **Suzette et Perrin**, ou les dangers du libertinage. 2 pts. A Londres 1780. 8.
592 **Synode (Le) conjugal**, ou Aloïsia sacra. Recueil de Conférences fait et mis au jour par Charles Bonaventure, Ex-Récollet. 2 pts. A Paris 1796. 12. Fort rare.
593 **Tableau (Le) des Piperies Mondaines**, où par plusieurs histoires, se voyent les ruses et artifices dont elles se servent. A Cologne, chez Pierre de Marteau, 1685. 8. (3 fl. 48 kr. Ackermann.)
   Ibid. 1686. 8. Réimpression, tirée à 106 expls. num. (2⅓ Rthlr. Scheible :) Ce livre n'est pas une facétie, c'est l'oeuvre d'un ardent champion de la morale chrétienne et qui ne badine pas avec son sujet.
594 **Tableau (Le) de la Volupté**, ou les Quatre Parties du Jour, poème en vers libres, par M. D. B. (Des Buisson). A Cythère, au temple du Plaisir, 1771. Pet. in 8. Avec des superbes illustrations: 1 front., 4 figg., 4 vign., 4 culs-de-lampe par Eisen, gr. p. Longueil. (5½ Rthlr. Scheible; 12 Mk., expl. fatig., Rosenthal; 250 à 300 fr. Cohen.)
   Réimpr. à très-petit nombre sur beau papier Seychall Mill, à Paris, chez Rouveyre, 1882. 8. (25 Mk. Scheible.)
595 **Tant mieux pour elle**. Conte plaisant (par de Voisenon, ou par de Calonne). A Ville-neuve de l'imprimerie de l'Hymen, cette année (France 1760). 12, de 137 pp.
   Autres éd.: Ibid. eod. a. 12. 138 pp., (vente Manderström 1. no. 209); s. 1. n. d. (Paris 1760). 12. Titre gravé. (l. c. no. 208.)
596 **Tetons** (Les), ouvrage curieux, galant et badin, composé pour le divertissement d'une Dame de qualité. Par *** (Étienne Roger). On a ajouté à ce traite les poésies diverses du Sr. du Commun (dit Véron, J. P. N.). A Amsterdam, 1720. Pet in 8. (3 Mk. 60 Pf. vente Comte de Bassenheim no. 4407.)

597 Tetons (Les).— Même ouvrage. Ibid., Jean Pauli, 1760. 8. 4 ff. et 132 pp. Avec frontisp. (40 Mk. Rosenthal: très-bel expl., provenant de la bibl. de Max. Comte de Preysing.)
Autres éditions voir sons Éloge (L') des Tetons. — A Stoutgart se trouve: Les yeux, le nez et les tetons. Ouvrages curieux, galants et badins etc. A Amsterdam, chez Jean Pauli, 1716, 1717, 1720. 12. — Les mêmes, avec 3 frontisp. n. s., ibid. 1734, 1735, 1736. 12. 3 pts. en 1 vol. (6 à 8 fr. Cohen.) Rep ib. 1760. 12. (8 Mk. Scheible.)

598 Théâtre d'Amour. 2 vols. A Cythère et à Paris, chez Cailleau, rue galante. 1783. Pet in 16. (11 Mk. Kühl. Berlin.)

599 Thérèse Philosophe, ou Mémoires pour servir à l'histoire de Docteur Dirrag (i. e. le fameux jésuite, père Jean-Bapt. Girard) et de Mlle. Éradice (i. e. Mlle. Catherine Cadière). (Composé par de Montigny, ou par le marquis d'Argens.) 2 pts. Avec (17) estampes (libres) n. s. (dont la plupart sont pliées). A La Haye (à la sphère), s. d. (1748). 8. (L'expl. de Munich est incomplet de 3 figg.)
Titre encadré, 3 front. et 16 figg. très-curieuses. Édit. orig. extrêmement rare. Cont. aussi „l'histoire de Mad. Bois-Laurier." — „Liber raris. quidem, sed inter sotadicos facile princeps et obscoenitatibus „l'École des filles" longe superans, 14 (!) tabulis aeneis innumeras Veneris libidines repraesentantibus exornatus." (J. C. G. Jahn's Bibl. II. Fikft. u. Lpz. 1754. 8. S. 481; Bibl. Feuerlini II. Nerimb. 1803. 8. p. 288.) Bibliogr. de l'amour, VI. p. 330 ; Huyn. Bibl. Germanor. erot., 2. A., S. 131—132.

600 — Nouv. édit. revue. 2 pts. Avec de (20) nouvelles figg. (par Borel, gr. p. Elluin). 1784. 12. (Partie 1 manque à Munich.) (Cplt. 6²/₃ Rthlr. Scheible.)
Voici les autres éditions citées par Cohen, p. 408: S. l. ni d. 2 vols. in 8, de 182 et 87 pp., texte encadré, 1 vign. sur chaque titre; 2 front., 22 belles figg. in 8. p. Delcroche, artiste hollandais. — Le même. Éd. correcte et corr. S. l. n. d. (parue sans doute à peu d'intervalle de la précédente ci-dessus). 2 vols, in 8. de VIII—141 et 70 pp., 1 f. d'errata. Extrêmement rare. Les figg., qui sont attribuées au comte de Caylus, sont gr. au burin, tandis qu'elles le sont à l'eau-forte dans les autres éditions. Chaque titre y porte une couronne pour fleuron. (20 Mk., expl. sans figg., seulement avec frontisp., Rosenthal.) Il s'en trouvent encore 2 autres éditions du temps, moins rares et surtout moins belles. — Il existe plusieurs réimpressions datées de Londres 1771 et 1776, de Glasgow, 1773 et 1776. — Le même. Londres (La Haye) 1783. 2 vols. 12. 2 front., 2 titres et 36 figg. libres (en tout 40 figg.) Extrêmement rare. Les illustrations paraissent à Cohen devoir être attribuées à Binet. Leur nombre prouve que Cazin a eu tort de dire sur le titre de l'éd. de 1785, qui n'en contient que vingt: „ornée d'un plus grand nombre de figg. que toutes les précédentes". — Thérèse philosophe, ou Mémoires p. s. à l'histoire de

74 Thronus — Trials.

D. Dirrag et de Mlle. Éradice, nouv. éd., ornée d'un plus grand nombre de figg. que toutes les précédentes, Londres (Paris, Cazin) 1785. 2 vols. in 18. 20 figg. p. Borel, gr. p. Elluin, u. s. La plus jolie édit. Ces figg. sont très soignées et très-fines, comme toutes celles qui sont dues à l'association de ces deux artistes hors ligne dans le genre érotique. — Le même. Ibid. (1785). 2 vols. 12. Imitation de l'éd. Cazin de 1785. La plupart des figg. sont, sinon les mêmes que celles de la précédente, du moins parfaitement copiées. L'une pourtant de la seconde partie est entièrement différente. — Le même. Au bazar 1797. Avec 20 figg. gr. à la manière noire. Contrefaçon de l'éd. de Cazin. — Le même, tit.: Thérèse philosophe. A Constantinople, de l'imprim. du serrail (!), 17000000. Pet. in 16. On y trouve un second tirage des jolies figg. de Borel et d'Elluin.

601 **Thronus Cupidinis.** Editio altera. Priori emendatior et auctior. C. figg aere incis. Amstelodami 1618. 12.
Opus rarissimum fere ignotum. — Ed. I. 16** (?).

602 **Toilette du Philosophe** (La), ou Ziri et Ziria. A Londres 1751. 12. Avec frontisp. gr.

603 **Toilette de Vénus** (La), dressée par l'amour. (Chansons françaises avec des airs notés.) Partie 1—10. (Cplt.?) A Paris, s. d. 8. (Relié en 1 vol. à Munich.)
Extrêmement rare.

604 **Tourrière des Carmélites** (La), servant de pendant au P. des Ch. (Portier des Chartreux, ou mémoires de Saturnin. 2 pts. Londres 1788, de Gervaise de Latouche; voir aussi ci-dessus: „Histoire de Gouberdom".). (Comp. par Meunier de Querlon.) Avec (2) figures. A Constantinople, chez l'imprimeur du Moufti, 17000 (!). Augmentée d'une pièce bien corrigée, et très-relative au sujet (voir ci-haut: L'Origine des Cons sauvages et Européens, avec la manière de les apprivoiser). Ibid. eod. a. Pet. in 12. (Auch in Stuttgart.) (3 Rthlr., expl. sans appendice, Scheible.)
Autres éd.: Amsterd. 1748. 12. Titre gr. (Vente Manderström l. no. 144.) Sainte-Nitouche, ou histoire galante de la tourrière des Carmélites, suivie de l'histoire de la Duchapt, célèbre marchande de modes. Londres 1830. 12. (3½ Mk. Ackermann.)

605 **Trial** (The) **of Mrs. Harriet Errington**.... for comitting adultery with Aug. Murray Smith, Captain Buckley. With (4) prints. London, s. a. 8.

606 **Trials for Adultery**, or the history of divorces, being select trials at Doctors commons for adultery, fornication, cruelty, impotence, from 1760 to the present time. 5 vols. London 1780—81. 8.

Trials — Vénus. 75

Rare. — Histoires de divorces, formant un choix de procès en adultère, fornication, cruauté, impuissance, portés devant le tribunal de l'„Officialité" depuis l'année 1760 jusqu'au temps présent. Livre très-intéressant et fort curienx comme étnde des moeurs de la société anglaise dans la seconde moitié du XVIII. siècle. (Cohen p. 583.)
Trials . . . ; a new edition, embellished with elegant prints. 7 vols. (cplt.). London, Bladon. 1781. 8. Avec 30 jolies figg., la plupart à intention libre, par Dodd, gr. p. Cook et Grignion, dont le nom se trouve au bas de huit d'entre elles. (200 à 250 fr. Cohen; 7 vols., ibid. 1780 sq., 44 Rthlr. vente Sobolewski no. 4277.)

607 **Trials** (Criminal) and other **Proceedings** before the High Court of Judiciary in Scotland (ed. by R. Pitcairn). P. 1—10: 1488—1624. S. l. et a. 4.
— Voir aussi les nrs. 135—136.

608 **Tribunal de l'Amour** (Le), ou les Causes célèbres de Cythère. Par M. le Chevalier de la B***. 2 pts. A Cythère 1750. 8.

609 **Triomphe de l'Amour,** ou heures de Cythère (par Mme. la Comtesse de Turpin, Boufflers, Gaillard, Favart et l'abbé de Voisenon). Avec (3) figg. (Tiberghien sc.. A Guide (Paris) 1783. 8., de 165 pp. (pap. fort). (12 Mk. Rosenthal.)
Bibliogr. de l'amour, IV. p. 188 (sous Journée de l'amour). Un autre ouvrage (à la bibliothèque de Stralsund) porte le titre: Le triomphe de l'amour, ou le Serpent caché sous les fleurs. (Poème en 12 chants et en prose.) 2 tom. A Paris, chex Duchesne, 1755. 8. (Vente Manderström II. no 677:) „Il est suivi d'une 2e. partie, sous le titre de: La Brochure à la mode (1755), nouvelle assez galante, où l'on trouve des passages extrêmement vifs."

610 **Veillées du Couvent** (Les), ou le Noviciat d'Amour. (Poëme en 5 livres et en prose.) Par C. J. X. M. D. C. 2de. édit. avec figg. A Paris 1795. 12.

611 — Même ouvrage. 5 me. édit. A Lutipolis 2496. (1796.) 8.

612 **Venus Batava,** sive amoenitates amorum . . . . iconibus oculis positae . . . . (per Cornelium Visscher sen., n. 1610, † 1670). Batav. 1618. 4. Rarissime.

613 **Vénus métaphysique** . . . . par M. L. (i. e. Mr. Julien Offroi de Lamettrie, né en 1709, † en 1751). A Berlin 1752. 8.

614 **Vénus pèlerine.** Comédie. A Paris 1778. 8.

615 **Vénus la populaire,** ou apologie des maisons de joye. Traduite de l'Anglois (de Bernard de Mandeville, né en 1670, † en 1730). A. Londres, chez A Moore (La Haye) 1727.

Pet. in 8. (Auch in Nürnberg, Stadtbibl.) (5 fl. Ackermann; 12 Mk. Scheible.)
<small>Éd. princeps de cette version d'un „liber prohibitus et rarus." (Vogt.)</small>
616 **Vénus la populaire**, Même ouvrage. Nouv. édit. A Paris, an X. (1802.) 8.
<small>Réimpression, tirée à 204 expl. numérotés, vers 1882, in 12, avec front. (4 Mk. 80 Pf. Scheible; 5 fr. G. Grimm, Budapest.)</small>
617 **Vénus en Rut**, ou Vie d'une célèbre Libertine. Nouv. édit. 2 tom. Avec figg. A Luxurville 1791. 8.
<small>De la plus grande rareté — Éd. I. 17**?</small>
618 **Vernes**, M. le fils de, Poësies. De l'Imprimerie de la nouvelle Génève en Irlande, 1783. 8.
619 **Vice (Le) et la Foiblesse**, ou Mémoires de deux Provinciales, rédigés par l'auteur de la Quinzaine Angloise. A Lausanne et à Paris 1786. 8.
620 **Vie voluptueuse entre les Capucins et les Nonnes**, par la Confession d'un frère de l'ordre. A Cologne, chez Pierre le Sincère (Holl.), 1759. 12. Front. gr.
<small>Autres éditions: Ibid. 1764. Pet. in 8. Avec 2 figg. libres, n. s. (15 à 20 fr. Cohen.) Le même. Augmenté d'un poëme héroï-comique sur leurs barbes, et de plusieurs autres pièces relatives à cet ordre (des Capucins). Ibid. (France) 1775. 12. (Vente Manderström II. no. 852.)</small>
621 **Vie amoureuse** de Mme. Cog**u (Cognau), Maîtresse en titre d'un des plus célèbres personnages de la Révolution du Brabant (Henri van der Noot). A Londres 1790. 8. Rare.
<small>Voir aussi Mayn, Bibl. erot., p. 160: Le Sueur, Jacques (i. e. A.-L.-B. Robineau), Les masques arrachés . . . . 1791.</small>
622 **Vieille amoureuse** (La). S. l. n. d. 4.
623 **Voisenon**, M. (l'abbé Claude-Henri de Fuzée) de (né en 1708, † en 1775), Romans et Contes. 2 tom. A Londres 1780. 12.
<small>Éd. antér.: Ibid. 1775. Pet. in 18. II. Avec 2 figg. (Vente Manderström I. no. 150.) Éd. postér.: Romans et Contes de M. l'abbé de Voisenon, nouv. éd. considérablement augm., etc. Paris, Bleuet, an VI. (1798.) 18. II. 1 portr. p. Vigée et 4 figg. p. Quéverdo, gr. p. Delaunay. (30 à 40 fr. Cohen p. 600:) On trouve des expls. en papier vélin, avec les figg. avec la lettre, de 80 à 100 fr.; avant la lettre, de 250 à 300 fr. — Le double quand les eaux-fortes y sont réunies. — Les mêmes. Paris, Imbert, 1798. 18. III. 3 figg. de Quéverdo et de Defraisne.
C'est un autre ouvrage du même auteur que possède la bibliothèque de Marbourg: Exercices de dévotion de M. Henri Roch avec Mme. la duchesse</small>

de Condor, par feu M. l'Abbé de Voisenon, de joyeuse mémoire, et de son vivant membre de l'Académie française. Vaucluse (Paris) 1786. 12. Avec 1 grav. curieuse et fort libre. (3½ Rthlr. vente Sobolewski no. 907.) Rep. ib. eod. a. Pet. in 12. 1 front. libre, n. s. (15 à 20 fr. Cohen.)
Scheible, en 1887, offrit pour 18 Mk.: Voisenon, l'abbé de, oeuvres complettes (publ. par Mme. la Comtesse de Turpin). 5 vols. Paris 1781. Gr. in S. Avec joli portrait d'après Cochin fils, gr. p Dupin fils. (30 fr. Potier.) Nous citons enfin la réimpression d'un conte dépareillé: Le sultan Misapouf et la princesse Grisemine, conte galant, publ. par M. Auriol. Bruxelles 1883. 12. Avec front. piquant. (4½ Mk. Ackermann.)

624 **Voluptés, Les Trois.** S. l. 1746. 12. Fleuron sur le titre. (Auch in Berlin.) (7 Mk. Ackermann; 10 à 12 fr. Cohen.)

625 **Wimpheling,** Jac. (geb. 25. Juli 1450 zu Schlettstadt, † ebd. 15. Nov. 1528), De generibus ebriosorum et ebrietate vitanda, jocus quodlibeti Erphurdieusis lepidissimus. Cui adjecimus: de meretricum in suos amatores et concubinarum in sacerdotes fide quodlibeti Heidelbergensis quaestiones salibus et facetiis plenae. Vormatiae, s. a. (c. 1520?). 4.
Der Anhang enth. eine Satyre über den Unterschied zwischen der Kebs-Ehe und dem Concubinate der Geistlichen, welche Cratu Udenheim, Praefectus der Schule zu Schlettstadt, von Wimpheling empfing und 1501 znm Druck beförderte. (Cfr. Mascov, Dr. Elias, Vergnügung eilfertiger Gedanken. Stück 5. Hamburg, 24. Juli 1753. 4. S. 34.)
Die ersten Drucke dieses Anhangs sind nach Goedeke, 2. A., I. S. 437: De fide concubinarum in sacerdotes. Questio accessoria causa joci et urbanitatis in quodlibeto Heidelbergensi deteimiunta a magistroPaulo Oleario Heidelbergensi. S. l. et a. (1501). 4. 29 Bll. (Enth. auch de fide meretricum.) (Cfr. Riegger, amoen. frib. 199, 240.) — De fide concubinarum in suos pfaffos (et de fide meretricum). S. l. et a. 4. 3: Bll. — S. l. et a. 4. 26 Bll. (Dibdin, Bibliogr. decam. I., 229—235.) — Mogunt. 1501. 4. — Ulmae 1501. 4. — Heidelb. 1504. 4. — Mogunt., F. Hewman (c. 1504). 4. 9 Bll. (Gotth. Fischer, typogr. Seltenheiten l., p. 67—73) — S. l. 1505. 4. 12 Bll. — De fide meretricum in suos amatores. Questio minus principalis vrbanitatis et facetie causa, in fine Quodlibeti Heydelbergensis determinata a magistro Jacobo hartlieb Landoien. Aug. Vindel., Froschauer, 1505. 4. Spätere Drucke: Novis quibusdam additionibus nuper illustrata. Ach liebe Else, biss mir hold. S. l. 1557. 12. — Francof. 1624. 8.
Cfr. Zarncke, Fr., die deutschen Universitäten im Mittelaiter. Beiträge zur Geschichte und Charakteristik derselben. 1. (einz.) Beitrag. Leipzig 1857. 8. X-266 S. (Enth. S. 67 : De fide meretricum ; 88 : de fide concubinarum ; 51 : Monopolium des Lichtschiffes ; 61 : Monopolium der Schelmenzunft ; 103 : Monopolium der Schweinezunft, 116 : De generibus ebrio-orum.) Von letzterer Schrift nennt Goedeke, l. c., folgende Drucke : De generibus ebriosorum et ebrietate vitanda. Questio facetiarum et vrbanitatis plena quam pulcherrima optimornm scriptorum flosculis referta. In conclusione quodlibeti Erphurdensis (!) anno Christi 1515 circa aequinoctium scholastico more explicata. 1516. 4. — S. l. et a. (Francof.,

c. 1550). 4. — S. l. 1557. 12. — S. l. 1576. 4. — Francof. 1581. 8. — Ibid. 1624. 8. (Obiger Wormser Druck fehlt bei Goedeke.)

626 **Withof**, Joh. Phil. Laur. (1725—89), J. H. Fil. Duisburgensis, De Castratis commentationes quatuor. Duisburgi 1756. 8. (1 Mk. Auct. Davids no. 5447.)

627 — Alia editio, tit.: Tractatus physicus et curiosus de Castratis. Lausannae 1762. 8.

628 **Zambeddin**, histoire orientale. A Amsterdam et à Paris 1768. 8.

Namen-Register.

(Die Pseudonymen sind mit einem *, die Künstler-Namen mit einem † bezeichnet.)

* Abarbanel, Leon. 317—26.
Abbot, G. 136.
Acidalius, V. 2—6.
Adelphus. 94. 253.
* Aeneas Sylvius. 7.
* Aiesha. 23.
† Aliamet. 330.
Alphonsus rex. 94. 253.
* Alquié. Sieur d'. 12.
Altenstaig, J. 95.
Amsterdam. 27. 276.
Ancharano, J. de. 505.
Ancillon, Ch. d'. 239.
Antonius, C. 502.
Apulejus, L. 502.
Aretino, P. 37—55. 509.
Argens, Marquis d'. 599—600.
Artois, Comte d'. 21.

Assézat. 547.
Assoucy, d'. 72.
Auriol. 623.
Ayrer, J. 505.
Baader, C. A. 570.
Backer, Al. de. 562.
— Aug. de. 562.
† Bacquoy. 96. 131. 139.
† Bakker. 195.
Bandello, M. 87.
Banks, Sir J. 462.
Baret, P. 271.
Barranella, J. 317—26.
Barrin, J. 311.
Barth, Casp. 46. 89—91.
Barthélemy, J. J. 92.
Baudouin, N. 170.
Beauchamps, G. de. 280—81.

* Beaumont. 221.
Bebel, H. 94—95. 249—53.
Bellay, J. du. 16.
Benaccelli, A. 438.
Benedikt IV., Papst. 562.
Bernard, G. 97.
— P. J. 96.
Berni. 55.
Bernis, de, Cardinal. 98.
Béroalde de Verville. 388—90.
Berry, Duchesse de. 393.
Bertaut, F. 201.
Berthelot. 119—121.
Bertin, A. 99.
Beverland, A. 100—2.
Beza, Th. 16.
† Binet. 524. 527. 600.
Birchini, Mme. 174.
† Blanchard. 24.
Bode, J. J. Ch. 157.
Boerhaave, H. 351.
Boispréaux, de. 48.
Boissin, F. 534.
Boissy, Laus de. 581.
* Bonaventure, Ch. 592.
Bonefonius, J. 16. 105—6.
Bordes, Ch. 439—40. 468.
† Borel. 283. 397. 440. 600.
† Borgnet. 139.
† Bornet. 357.
Bosscha, P. 296.
Boswell, J. 462.
Boucicault, L. Le Maingre de. 15.
Boufflers. 609.
Bracciolini, F. P. 477—86.
Brandius, J. 100.

Brisson, B. 109—10.
Bristol, Countess of. 302.
Brückmann, F. E. 111.
Brüssel. 28.
· Brusonio, L. D, 112—16.
Brussoni, G. 436.
Buckley, Captain. 605.
Burmann, P. 296.
Burton, R. 187—88.
Butel-Dumont. 300.
Cadière, Mlle. Catherine. 599-600.
Caillau, J. M. 512.
Calcagninus, C. 204.
Calonne, de 595.
* Capocoda, G. 124—26.
Carayon, A. 562.
† Carée. 545.
Carrauza, Alph. à. 132—35.
Castillo de Solorzano, A. 138.
Caylus, Comte de. 139. 600.
Cessières, F. E. Gouge de. 57-60
† Chaillou. 178.
Chappuys-Tourangeau, G. 73.
Chaussard, J. 277.
Chayer, Chr. 18.
† Chéry. 545.
Chevrier, F. A. de. 28. 103.
Choulant, L. 512.
Chudleigh, Miss Elisab. 302.
* Cipriano. 428.
Clapiès, Ch. 6.
Clemens XIV., Papst. 93.
Cleopatra. 502.
† Cochin. 139.
† — fils. 623.
Cognau, Mme. 621.

Namen-Register.

Colleville, Mme. de. 533.
Colombo, G. 210.
* Commun, Sr. du (dit Véron). 407. 596−97.
† Cook. 606.
Corinna. 260.
Cornard 367.
Costa, L. 87.
Court, B. de. 365. 371. 505.
Crébillon fils. 167−69.
† Croutelle. 357.
Cuisin, P. 442.
Curtius, B. 365−71. 505.
* Daillhière, Sieur de la. 171.
† Dambrun. 139.
D'Aquin de Château-Lyon. 156.
Debay, A. 176.
Defraisne. 623.
† Delaunay (de Launay). 152. 156. 623.
† −· jeune. 139.
† Delcroche. 600.
Delius, M. 179−80.
* Democritus jun. (vel minor). 187−88.
† Deny. 508.
† — Jeanne. 152.
Des Buisson. 594.
Des Periers, B. 190−95.
Des Portes, Ph. 196−201.
† Desrais. 21. 118. 141. 152. 311. 452. 508. 535.
Devay, F. 202.
Dibdin. 625.
† Dodd. 606.
Dolce, L. 55.

Dollen, F. 493.
* Dollincan. 239.
Doppet. 34.
Dorat, Cl. J. 84. 203. 206. 330. 463.
Dreux du Radier, J. F. 207-9.
* Drudo, Hilar. 211.
Drujon, F. 97.
Dubois, G, Cardinal. 212.
Duclos. 152.
Dufour, M. A. J. 175.
* — P. 213.
Dujardin. 54.
Dulaurens, H. J. 56. 85. 141. 286 507.
Duperron, Cardinal. 189.
† Dupin fils. 623.
Durand de Bédacier, Catherine 76
Dutoit (Du Toit)-Mambrini. 416.
† Duval. 396.
Duvernet, J. 535.
Eckius, J. 214. 314.
† Eisen. 96. 156. 203. 298. 330. 396. 594.
† Elluin. 283. 397. 440. 600.
* Enluminé de Métaphorinville. 492.
Errington, Mrs. Harriet. 605.
Essex, Rob. Earl of. 136.
Estienne, H. 388−90.
Estouteville, Duc d'. 472.
Everaerts, J. d'. 290−97.
Fabi, M. 53.
Fabroti, C. A. 132.
Famin, C. 395.
Favart. 609.

82 Namen-Register.

Favin-Dubreuil, A. 508.
Ferrand. 243.
† Fessard. 139.
Fischer, G. 625.
— J. Chr. 409.
Fontenelle. 25.
Forberg, F. C. 438.
Fougeret, 123. 359—60. 507.
Fournel, J. F. 245.
Fréron. 225. 472.
† Freudenberg. 35.
† Frière. 152.
Frischlin, N. 248—53.
Fröbel, C. P. 297.
Fromaget, N. 255.
Gaillard. 609.
Gamerra, G. de. 261.
Ganganelli, 93.
Gediccus, S. 3—6.
Genthe, F. W. 411.
† Ghendt, de. 139. 396.
Girard, J. B (Jesuit). 599-600.
† Giraud l'aîné. 139. 527.
Goclenius, R. 265—67.
Gouet, G. de. 268.
Gonzaga, Carlo, Duca di Mantoa. 124—26.
Goudar, Chev. Ange. 227.
Gourdan, Mme. (dite la Comtesse). 163. 225. 489.
Graefius, Ch. 105.
Grandval (Granval) père. 492.
— fils. 238.
† Gravelot. 25. 131.
Gresset. 468.

† Grignion. 606.
Gruner, Ch. G. 352.
Gubertus (Guibert), A. 273-74.
H*****nd, Mr. 348.
Haag. 276.
Hancarville, Hugnes (dit) d'. 384—86.
† Harrewyn. 540.
Hartlieb, J. 625.
Hauekenthal, V. 2—6.
Haug, F. 494.
Hawkesworth, J. 157.
Hecquet, Ph. 287.
Heinrichmann. 94.
Heinsius, D. 204.
Heliogabalus. 277.
Hennebert. 467.
Heraclius imp. 502.
† Hooghe, R. de. 12. 159.
Hotmanus. 110.
Howard, Lady Frances. 136.
† Hubert. 139.
Hurtaut. 164.
* Jacob le Biliophile. 388. 547.
* — P. L. 54. 389. 534.
Janin, J. 547.
* Jason à Pratis. 495—99.
* Jean Second. 16. 290—97.
Jeroense, J. 417.
Imbert, G. 146—48.
* Johannes Secundus. 16. 290-97.
Junquières, de. 131.
* Juvenalis, L. P. 314.
Keleph ben Nathan. 416.
Kempe, M. 301.

Namen-Register.

Kingston, Elisab. Dutchess of. 302.
Kock, P. de. 460.
Kornmann, H. 303—8.
Küchelbecker, F. 569.
Lacroix, P. 54. 195. 213. 389. 534. 547.
Lafontaine. 468
Laïs. 22. 176.
Lamballe, Mme. la Princesse de. 108.
La Mettrie, J. O. de. 613.
La Motte, G. M. de. 287.
Landes, L. de. 310.
† Lanswelt. 482.
† Lapi. P. 261.
Laroche, Tiphaigne de. 563.
† Le Barbier. 339.
† Leclerc. 118
† Legrand. 25.
† Leguay. 381.
† Lemire. 298. 330.
Lemnius, S. 214. 314.
Lenclos, Ninon de. 176.
Le Noble (Lenoble), E. 315-16.
* Leone di Venetia (Leo Hebraeus). 317—26.
Lespinasse, Mlle. de. 393.
Lessing, G. E. 240.
* Le Sueur, J. 621.
Le Suire, R. M. 327—29. 340.
Leti, Gr. 124—26. 509.
* Letus, Calvidius. 511—12.
Létuvière, Marquis de. 33.
† Le Villain. 139.
Lindenbruck, F. 503.

† Lingée. 152.
London. 340—47.
† Longueil, de. 203. 330. 594.
Louis XIV. 173. 259.
Luisini, L. 350—51.
* Lycosthenes Rubeaquensis, C. 112.
Mahomet. 23. 331.
Maillet. 139.
Mailly, Chev. de. 78. 540.
Maintenon, Mme. de. 356.
Majoragius. A. 204.
Mairobert. 225.
Malfilâtre, J. Ch. L. de. 396.
Mandeville, B de. 615—16.
Marchand, J. H. 221.
—, Pr. 194.
Marconville, J. de. 358.
Margadant, Lemm. 314.
Margareta (Jo. Eckii concubina). 214.
Marie Antoinette. 21 225.
† Marillier. 11. 139. 440.
Marino, G. B. 361—64. 472.
Martial d'Auvergne (dit de Paris). 365—73. 505.
† Martinet. 247. 388.
Mascov, E. 625.
† Masquelier. 339.
† Massard. 396.
Mayer, J. (Eckius). 214. 314.
Mayeur. 413.
Maynard. 119—21.
Mazarin, Cardinal 511.
Mazzuchelli, G. 54.
Medici, Cosmo de. 376.

Meilhan, G. Sénac de. 246—47.
Melanchthon, Ph. 179. 80.
Mercier de Compiègne. 357.
* Méro. 376.
Messalina. 496.
† Meuse, de. 472.
Michiels. A. 200.
Miot-Frochot, P. L. 373.
Mirabeau, Vicomte de. 378.
—, Comte de. 379—81.
Mireur. 532.
Monnaye, de la 388.
Monnier, Sophie, Marquise de. 379. 381.
Monselet, Ch. 534.
Montbron, Fougeret de. 123. 359—60. 507.
Montigny, de. 599—600.
Morande, Ch. Thévenot de. 262—64. 489.
Morlière, Chev. de la. 311—12.
Motin 119—21.
Mulich (Muling), 253.
Muretus, M. A. 16.
Musset, P. de. 393.
† Nargeot. 534.
Neapel. 395.
Necker, J. 226.
Nerciat, Chev. A. de. 35. 397-99.
Nero. 32.
Nevizanus. J. 400—6.
* Nicius, J. 408—9.
Nodier. 195.
Noël, F. J. 223. 480.
Noot, H, van der. 621.
Odebrecht, Th. 2.

Olearius, P. 625.
Pallavicino, F. 421—36.
† Pallière. 512.
* Palmarèze, Marquise de.
Panckoucke, A. J. 61.
* Panormita. Ant. 438.
Paris. 107. 145. 155. 441—46. 489. 530.
Parny, E. 448.
† Patas. 139. 452.
Pellissier. 201.
Pernwerth v. Bärnstein, A. G. 411.
Perreau. 567.
Perrin, J. A. R. 218.
Pezay, A. F. J. Masson de. 330.
* Philopsyllus, W. A. L. 419.
† Picard, B. 195.
Pidansat, M. F. Mairobert de. 225.
Pigault-Lebrun, Ch. A. G. 458 —60.
Piis, de. 64.
Pinctor, P. 461.
Pindar. 260.
* — Peter. 462—63.
Piron, A. 464.
Pitcairn, R. 607.
Pius II, Papst. 7.
Poggius Florent. 94. 253. 477-86.
Pona, F. 487.
† Ponce. 96. 152.
Poncino. 488.
Pontius. 560.
Portsmouth. 491.
Prangen, J. D. 493.
Prasch, J. L. 494.

Namen-Register.

Kingston, Elisab. Dutchess of. 302.
Kock, P. de. 460.
Kornmann, H. 303—8.
Küchelbecker, F. 569.
Lacroix, P. 54. 195. 213. 389. 534. 547.
Lafontaine. 468
Laïs. 22. 176.
Lamballe, Mme. la Princesse de. 108.
La Mettrie, J. O. de. 613.
La Motte, G. M. de. 287.
Landes, L. de. 310.
† Lanswelt. 482.
† Lapi. P. 261.
Laroche, Tiphaigne de. 563.
† Le Barbier. 339.
† Leclerc. 118
† Legrand. 25.
† Leguay. 381.
† Lemire. 298. 330.
Lemnius, S. 214. 314.
Lenclos, Ninon de. 176.
Le Noble (Lenoble), E. 315-16.
* Leone di Venetia (Leo Hebraeus). 317—26.
Lespinasse, Mlle. de. 393.
Lessing, G. E. 240.
* Le Sueur, J. 621.
Le Suire, R. M. 327—29. 340.
Leti, Gr. 124—26. 509.
* Letus, Calvidius. 511—12.
Létuvière, Marquis de. 33.
† Le Villain. 139.
Lindenbruck, F. 503.

† Lingée. 152.
London. 340—47.
† Longueil, de. 203. 330. 594.
Louis XIV. 173. 259.
Luisini, L. 350—51.
* Lycosthenes Rubeaquensis, C. 112.
Mahomet. 23. 331.
Maillet. 139.
Mailly, Chev. de. 78. 540.
Maintenon, Mme. de. 356.
Majoragius. A. 204.
Mairobert. 225.
Malfilâtre, J. Ch. L. de. 396.
Mandeville, B de. 615—16.
Marchand, J. H. 221.
—, Pr. 194.
Marconville, J. de. 358.
Margadant, Lemm. 314.
Margareta (Jo. Eckii concubina). 214.
Marie Antoinette. 21 225.
† Marillier. 11. 139. 440.
Marino, G. B. 361—64. 472.
Martial d'Auvergne (dit de Paris). 365—73. 505.
† Martinet. 247. 388.
Mascov, E. 625.
† Masquelier. 339.
† Massard. 396.
Mayer, J. (Eckius). 214. 314.
Mayeur. 413.
Maynard. 119—21.
Mazarin, Cardinal 511.
Mazzuchelli, G. 54.
Medici, Cosmo de. 376.

Meilhan, G. Sénac de. 246—47.
Melanchthon, Ph. 179 80.
Mercier de Compiègne. 357.
* Méro. 376.
Messalina. 496.
† Meuse, de. 472.
Michiels. A. 200.
Miot-Frochot, P. L. 373.
Mirabeau, Vicomte de. 378.
—, Comte de. 379—81.
Mireur. 532.
Monnaye, de la 388.
Monnier, Sophie, Marquise de. 379. 381.
Monselet, Ch. 534.
Montbron, Fougeret de. 123. 359—60. 507.
Montigny, de. 599—600.
Morande, Ch. Thévenot de. 262—64. 489.
Morlière, Chev. de la. 311—12.
Motin 119—21.
Mulich (Muling), 253.
Muretus, M. A. 16.
Musset, P. de. 393.
† Nargeot. 534.
Neapel. 395.
Necker, J. 226.
Nerciat, Chev. A. de. 35. 397-99.
Nero. 32.
Nevizanus. J. 400—6.
* Nicius, J. 408—9.
Nodier. 195.
Noël, F. J. 223. 480.
Noot, H, van der. 621.
Odebrecht, Th. 2.
Olearius, P. 625.
Pallavicino, F. 421—36.
† Pallière. 512.
* Palmarèze, Marquise de.
Panckoucke, A. J. 61.
* Panormita. Ant. 438.
Paris. 107. 145. 155. 441—46. 489. 530.
Parny, E. 448.
† Patas. 139. 452.
Pellissier. 201.
Pernwerth v. Bärnstein, A. G. 411.
Perreau. 567.
Perrin, J. A. R. 218.
Pezay, A. F. J. Masson de. 330.
* Philopsyllus, W. A. L. 419.
† Picard, B. 195.
Pidansat, M. F. Mairobert de. 225.
Pigault-Lebrun, Ch. A. G. 458 —60.
Piis, de. 64.
Pinctor, P. 461.
Pindar. 260.
* — Peter. 462—63.
Piron, A. 464.
Pitcairn, R. 607.
Pius II, Papst. 7.
Poggius Florent. 94. 253. 477-86.
Pona, F. 487.
† Ponce. 96. 152.
Poncino. 488.
Pontius. 560.
Portsmouth. 491.
Prangen, J. D. 493.
Prasch, J. L. 494.

Namen-Register. 85

* Pratensis, Jaso. 495—99.
Pringy, Mme. de. 19.
Proth, M. 381.
Puisieux, Dame de. 466.
Querlon, Meunier de. 6. 604.
† Quéverdo. 108. 399. 623.
Quillet, Cl. 511—12.
Quinault, Mlle. 393.
Rabelais. 171.
Ragot, Ch. F. 238.
Rambach, C. 513.
Raucourt. 565.
Regnier, M. 119—21. 201.
Restif (Rétif) de la Bretonne. 145. 522—34. 546.
Richard, J. 280—81.
Rittershusius, C. 204. 537.
— G. 537.
Robineau, A. L. B. 621.
Rochester, Earl of. 538—39.
Roger, Estienne. 219—20. 407. 596—97.
† Romain vide Hooghe.
Rossi, J. V. 408—9.
Rovere, Marg. Contessa della. 124—26.
Ruffey, Sophie, voir: Monnier, Marquise de.
Sade, Marquis de. 544—47.
† Saint-Aubin, G. de. 396.
Saint-Léger, Mlle. de. 533.
* Saint-Leu, de. 535.
* Saint-Paterne, Pigeon de. 413.
* Sammarthanus, Sc. 511.
Samosch, S. 48.
Sanchez, Th. 549—62.

Sancourt, Deschamps de. 82.
Sandras, Gatien Courtilz de. 173.
Sansovino, F. 55.
Sanvitale, Conte F. 362.
Sapho. 30.
* Saracenus, J. C. 325.
Sauvigny, Billardon de. 24.
* Saxoferrato, B. à. 505.
Scaliger, J. 503.
Scheffner, J. G. 297.
Schlüter, C. B. 416.
Schmidt. 2.
Schoppius, G. 502.
Schreger, O. 569—70.
Schroeer, S. 549.
Schurigius, M. 571—79.
Scoto, L. 362.
Scriverius, P. 293.
Serviez, de (le général). 500.
Sharrock, R. 580.
Sigognes, de. 119—21.
* Simien. 581.
Simon, E. Th. 278.
— J. G. 582—83.
Smith, A. M., 605.
* Soares, E. L. 560.
Sophocles sophista. 502.
Soranus, Q. 502.
Spach, J. 275.
Steglehner, G. 590.
Strobel, G. Th. 314.
* Sultanini, B. 509.
Tencin, Mme. de 93. 393.
Tengler, U. 505.
Terray, l'Abbé de. 311—12.
† Texier. 545.

* Theramo, J. de. 505.
† Thomas. 139.
— A., Sieur d'Embry. 189.
† Tiberghien. 609.
Tissot, F. 105.
— P. F. 476.
— S. A. 416.
Toronet, Sieur du. 334.
Touchard-Lafosse. 446.
Touche, Gervaise de la. 283. 604.
— Marquise de la. 302.
Turpin, Mme. la Comtesse de. 609. 623.
Udenheim, Crato. 625.
Uzanne, O. 255.
Valcour, Plancher de. 452.
* Vernes, le fils de. 618.
Verrue, Mme. de. 393.
Vetter, F. 314.
† Vigée. 623.

Villaret, Cl. 9.
† Villemin. 24.
Villers, C. 546.
Villeterque. 547.
Virgilius, P. 502.
† Visscher, Corn., sen. 612.
Voisenon, Cl. H. de. 595. 609. 623.
Voltaire. 309. 332. 468.
† Voysard. 152.
Waring, R. 17.
Warton, Th. 157.
Wimpheling, J. 625.
Withof, J. Ph. L. 626—27.
Wolcott, J. 462—63.
Wolff, O. L. B. 381. 534.
Wolphius, Casp. 275.
Xuares. F. 42—43.
Zapf, G. W. 95.
Zarncke, F. 625.

Corrigenda et Addenda.

No. 94 Zeile 4 lies: Adelphi (i. e. Mulich od. Muling) facetiae.
„ 145 „ 2 „ trouvés
„ 191 „ 1 „ nouvelles
„ 430 „ 2 „ hermaphrodito
„ 480 „ 4 „ Noël
„ 532 „ 3 „ **Komma** (statt Punkt) vor „propre".